二十几岁交朋友，你必须懂点社交学

向宇◎著

文化发展出版社
Cultural Development Press
·北 京·

图书在版编目（CIP）数据

二十几岁交朋友，你必须懂点社交学 / 向宇著 .—北京 ：文化发展出版社，2025. 1. — ISBN 978-7-5142-4575-2

Ⅰ . C912.3-49

中国国家版本馆 CIP 数据核字第 20244V05L6 号

二十几岁交朋友，你必须懂点社交学

著　　者：向　宇

责任编辑：孙豆豆　　　　责任印制：杨　骏
特约编辑：滕龙江　　　　责任校对：岳智勇
封面设计：周　飞
出版发行：文化发展出版社（北京市翠微路 2 号　邮编：100036）
网　　址：www.wenhuafazhan.com
经　　销：全国新华书店
印　　刷：永清县晔盛亚胶印有限公司

开　　本：880 mm×1230mm　1/32
字　　数：175 千字
印　　张：7
版　　次：2025 年 1 月第 1 版
印　　次：2025 年 1 月第 1 次印刷

定　　价：45.00 元
I S B N ：978-7-5142-4575-2

◆　如有印装质量问题，请电话联系：13683640646

前　言

社交是现代人必备的一种生存技能，是一个人成功的基本条件。它是一面镜子，能够折射出一个人的才能和智慧。

在现实生活中，人们往往会发现有些年轻人很有才华，很有能力，却与成功无缘，分析原因其中一个重要的就是不善于人际交往。一位成功学专家说：“成功的人之所以成功，往往是因为他的人际关系非常好。不会与人交往的人，在社会上很难受到别人的欢迎，而一个不受欢迎或不被他人接纳的人，是不太可能取得成功的。”

随着社会的发展，人际交往的功能显得越发重要。当今时代不再是一个单打独斗的时代，一个人要想生存和发展下去，就必须进行各种各样的社会交往。这是人的本性即社会性的要求，是人本质的体现。成功学大师卡耐基经过长期研究得出结论：“将一个人成功的因素归纳起来，15%得益于他的专业知识，85%得益于良好的社交能力。”美国石油大王约翰·洛克菲勒也曾说过：“我愿意付出比天底下得到其他本领更大的代价去获得与人相处的本领。”可见，社交能力对一个人的成功来说十分重要。

善于社交是我们到达成功彼岸的不二法门。曾任美国总统的西奥多·罗斯福说：“成功的第一要素是懂得如何搞好人际关系。”的确，成功需要别人的帮助，而不是单凭自己。一个人有多成功，关键要看他服务了多少人和多少人在为他服务。所有成功人士往往都有一个共同点，就是拥有大量的人脉资源，并善于与人脉保持良好的关系。

对于那些二十几岁的年轻人来说，结交新朋友，融入他人的社交圈子尤为重要。一个人不管有多聪明、多能干，自身条件有多好，如果不懂得如何与人交往，施展的空间就会受到限制，生活和事业也会困难重重。相反，如果他们善于与人交往，拥有有效而丰富的人脉关系，会更容易获得通往财富和成功的门票。

为了事业的顺利发展，为了人生的美满幸福，为了经济的独立和自由，年轻人一定要掌握一些受人欢迎的社交艺术，学会从容地面对为人处世中遇到的各种问题，更深刻地理解和把握人生。可以说，谁掌握了社交的本领，谁就掌握了自己的命运。

本书以通俗易懂的文字介绍了日常生活中的社交处世原则，教给你人际交往中的实用技巧，帮助你寻找正确的人生航向。

目　录

第一章　魅力聚人心，诚交天下友

第二章　形象好了，朋友就来了

第三章　看透人心，掌控交际主动权

第四章　多交一些良师益友，可以让你少走弯路

第五章　用对方法，学会主动与人交往

第六章　拉近距离，快速赢得对方好感

第七章　用心经营，保持良好友情的秘诀

第八章　懂点心理学，赢得人际交往的博弈

第九章　懂点人情世故，你才能左右逢源

第十章　玩转职场，成就事业的社交方略

第一章

魅力聚人心，诚交天下友

好人品提升你的社交魅力

生活中，谁也离不开人际交往。然而，人际交往说起来容易，真正做好并非易事。别人为什么要和你交朋友，你有什么魅力吸引人？俗话说：“物以类聚，人以群分。”一个正常的人，谁愿意与人品低下的人为伍呢？所以，人品好坏是决定人缘好坏的重要因素，也是交友的前提条件。具有优秀品格的人，内心充满积极的力量，使人们愿意了解他、接纳他、帮助他、支持他，他的事业就容易获得成功。可以说，好的品德是推动一个人不断前进的动力。

“五金大王”叶澄衷早年在黄浦江上靠摇舢板卖食品和日用杂货为生。有一天，一位英国洋行经理雇他的小舢板从小东门摆渡到浦东杨家渡。船靠岸后，洋行经理因事急，匆忙离去，将一只公文包遗失在舢板上。叶澄衷发现后打开一看，包内装有数千美金还有钻石戒指、手表、支票本等。他没有据为己有，而是急客人之急，在原处等候洋行经理以便归还。直到傍晚，那位洋行经理到处寻包不见后才懊恼地返回岸边寻找。不过他没有想到包会在舢板上，更没有想到叶澄衷在等着他还包。洋行经理打开皮包，发现原物丝毫未动，不禁大为感动。一个中国苦力竟有如此品德，对外来之财毫不动心，洋行经理真不敢相信这样的事实，他立即抽出一叠美钞塞到叶澄衷的手中，以示谢意。叶澄衷坚持不收，交包后就要开船离去。这位洋行经理见状，又跳上小船，让叶澄衷送他到外滩。船一靠岸，洋行经理拉叶澄衷到自己的公司，诚恳地邀请他一起做五金生意，叶澄衷答应了。

从此，叶澄衷走入商场。在日后的经营中，品德高尚的他赢得了人们的欢迎，在商业上大获成功。

具有良好品德的人不仅能赢得对方的心，还能赢得周围人的心，凡是知道他具有良好品德的人都愿意与他交往，也能为其创造无限的商机。

人品胜过一切。伟大的科学家爱因斯坦曾说："不管时代的潮流和社会的风尚怎样，人总可以凭着自己高贵的品质，超脱时代和社会，走自己正确的道路。"如今，人们为了房子、车子不停地奔波、追逐、竞争，但还有不少人，他们不追求这些物质的东西，他们追求理想和真理，得到内心的自由和安宁。优良品德修养的熏陶和润泽，能够内化为个人价值选择和价值判断的准则，不断丰富我们的精神世界，完善我们的人格和道德品质，成为个人成长、成才的重要推进力量。

18世纪的英国发生过这样一个小故事。一位有钱的绅士一天深夜走在回家的路上，被一个蓬头垢面衣衫褴褛的小男孩儿拦住了。"先生，请您买一包火柴吧。"小男孩儿说道。"我不买。"绅士躲开男孩儿继续走。"先生，请您买一包吧，我今天还什么东西都没有吃呢！"小男孩儿追上来说。绅士躲不开男孩儿，便说："可是我没有零钱呀。""先生，您先拿上火柴，我去给您换零钱。"说完男孩儿拿着绅士给的一个英镑快速跑走了，绅士等了很久，男孩儿仍然没有回来，绅士无奈地回家了。

第二天，绅士正在自己的办公室工作，仆人说来了一个男孩儿要求面见绅士。于是男孩儿被叫了进来，这个男孩儿比卖火柴的男孩儿矮了一些，穿得更破烂。男孩儿说："先生，对不起，我的哥哥让我给您把零钱送来了。""你的哥哥呢？"绅士问道。"我的哥哥在换完零钱回来找您的路上被马车撞成了重伤，在家躺着呢。”绅士深深地被小男孩儿的人品所感动。“走！我们去看你的哥哥！”绅士到了男孩儿的家，发现家里只有一位老妇人在照顾受到重伤的男孩儿。一见绅士，受伤的男孩连忙说：“对不起，我没有给您按时把零钱送回去，对不起了！”绅士再次被男孩的品德深深打动了。当他了解到两个男孩儿的亲生父母双亡时，毅然决定帮助他们，负担他们的一切生活所需。

人品好的人更容易获得别人的帮助。人品决定态度，态度决定行为，行为决定最后的结果。一个人只有拥有了良好的道德品质，才能赢得别人对他的信任和尊敬。正如爱默生所说：“美德具有至高无上的价格，它是一种伟大的品格力量，在所有价值中它处于最高的位置。”

林肯还没有成为美国总统之前的工作是律师，有一次有人请他为理亏的一方做辩护，林肯回答说：“我不能代理这样的案子。如果我代理了，那么法庭辩解时，我将不知不觉地高声说：‘林肯，你是个说谎者，你是个说谎者’”。

有一次，林肯代理了一位太太的案子，还未开审前，这位太太提前付给他几百美元的律师费。经过短暂的思考后，林肯毅然把钱退了回去，并对这位太太解释道：“您的案子还没有开审呢。”

“可这是你应该得到的啊。”那位太太说。

“不，您错了。”林肯回答，“因为我是义务辩护，不应该收钱的。”

林肯的高贵品格，使他成为人们敬佩并永远怀念的人。

好的人品是最高贵的个人资产。如果一个人具有令人折服、令人敬佩的品格，那么他随时随地都会受人欢迎。无论他贫富贵贱，他都会成为别人乐意交往的对象。因为优秀的品格有一种神奇的力量，足以感化人们的心灵。

总之，好人品是人生的桂冠和荣耀。它是一个人最宝贵的财产。在生活中，赢得人心和获得友谊的最基本因素就是“拥有美好的品德”。

与人为善，善待他人

这是一个发生在英国的真实故事：

有位孤独的老人，无儿无女，又体弱多病，他决定搬到养老院去。老人宣布出售他漂亮的住宅，购买者闻讯蜂拥而至。住宅底价8万英镑，但人们很快就将它炒到了10万英镑，而且价钱还在不断攀升。老人深陷在沙发里，内心忧郁，是的，要不是健康情形不行，他是不会卖掉这栋陪他度过大半生的住宅的。

一个衣着朴素的青年来到老人眼前，弯下腰，低声说：“先生，我也很想买这栋住宅，但我只有1万英镑。可是，如果您把住宅卖给我，我保证会让您依旧生活在这里，和我一起喝茶、读报、散步，天天都快快乐乐的——相信我，我会用整颗心来照顾您！”

老人颔首微笑，以1万英镑的价钱把住宅卖给年轻人。

有时，只要我们拥有一颗善良的心就可以实现梦想。与人为善既是一种爱心的体现，也是一种人生智慧；它可以为我们创造一种宽松和谐的人际环境，使我们有一方发展个性和创造力的自由天地，并享受到一种施惠于人的快乐。美国成功学家戴尔·卡耐基在书中写道："一个能够从细微处体谅和善待他人的人，一定是一个与人为善的人，必定有很好的人缘关系，这种人缘关系就是他成功的基石。"所以，任何时候，"与人为善"都是最明智的选择。

《道德经》说："天道无亲，常与善人。"这句话告诉我们，在个人的修行上，主张独善其身、善心常在；与人交往时，讲究与人为善、乐善好施；在待人处事方面，强调心存善意、善待他人。善良是一种境界，是一种人生的修养与提炼。播种善良，才能收藏希望。

有一对年轻夫妇，原本在同一个工厂上班，几年前，由于经济不景气，工厂面临着倒闭，两个人先后下岗了。好在夫妇俩平时待人好，在街坊邻居中极有人缘，下岗不久，在朋友们的帮助下，他们在小镇的商业街开了一家火锅店。

火锅店刚开张时，生意较为冷清，全靠朋友和街坊邻居们关照。后来，由于夫妇俩热情公道和诚信经营，小店渐渐有了回头客，生意也一天一天地好了起来。

也许是女主人慈悲善良的缘故，几乎每到吃饭的时间，小镇上的七八个流浪汉都会相继光顾火锅店。食客们常对主人说："快把他们轰出去吧，这些都是填不满的'坑'！"这时女主人总是笑笑回应说："算了吧，谁还没个难处，再说你看他们风餐露宿的，也很不容易啊！"

人们常说，这两口子太善良了，从未见过小镇里其他店主能够像他们那样宽容平和地对待这些流浪汉。其他店主，一见到流浪汉上门，就会马上拉下原本微笑的脸来，严厉地呵斥辱骂。这对夫妇则每次都会微笑着给这些流浪汉盛满热饭热菜，而且这些施舍都是从厨房里取出来的新鲜饭菜。更让人感动的是，在施舍的过程中，他们没有丝毫的做作之态。他们的表情和神态十分亲和自然，就像他们所做的一切原本就是一件分内的事情。

一天深夜，商业街上一家从事服装生意的店铺突然起了火，店里几乎所有的物品都是易燃的，火借风势，眨眼的工夫整个市场便成了一片火海。

这一天，恰巧火锅店男主人出去进货，店里只留下女主人。一无力气二无帮手的女店主，眼看辛苦张罗起来的火锅店就要被熊熊大火所吞没，心急如焚。这时，只见那几个平常总是上门乞食的流浪汉不知从哪里钻了出来，他们冒着生命危险将一个个笨重的液化气罐马不停蹄地搬运到了安全地段。紧接着，他们又冲进马上要被大火包围的店内，将那些易燃物品也全都搬了出来。消防车很快到了，火锅店由于抢救及时，遭受的损失最少。而周围的那些店铺，却因为得不到及时的救助，早已变成了一片废墟。

人们常说：“恶有恶报，善有善报。”生活向来如此，当我们看到需要帮助的人时尽己所能帮助一下，当我们自己遭遇困难时，通常也能够得到别人的帮忙。

古人云：“心净生智能，行善生福气。”有一颗充满善意的心，行为和语言就会大不一样。心怀善意的人，其人生路必将越走越宽。在人生的旅途上，只要你能真正地做到与人为善，就会有良好的人际关系，会真切感受到人与人之间的温暖，获得意想不到的收获。

谦虚的人在社交中受欢迎

在人际交往中，谦虚的人往往处处受欢迎，而那些大肆张扬、傲慢无礼的人通常是遭人厌恶的。英国政治家切斯特菲尔德说：“如果你想受到赞美，就用谦逊去做诱饵吧。”谦虚不仅是人们应该具备的美德，从某种意义上说，谦虚也是获得良好人际关系的力量。虚心的人之所以受欢迎，是因为他们能够把自己放在一个更低的位置，不吝于向别人请教。

谦虚使人进步，骄傲使人落后，这是千年不变的恒言。看看古今中外那些先哲伟人，他们即使取得了令人瞩目的成绩，也绝少有人因为自己具有足够资本而狂妄，相反，他们非常自知而又非常谦虚。

爱因斯坦因提出相对论而成为举世闻名的科学家。为了科学研究，他的爱好只保留了两个，一个是散步，一个是拉小提琴。在小提琴悠扬的旋律中，爱因斯坦如痴如醉。

“先生，有一个音是不是拉得太高了？”说这话的是园艺工，他每周一次来爱因斯坦家帮助修剪草坪。

爱因斯坦这阵子也老觉得小提琴拉得走调。他闻声停了下来，饶有兴致地向园艺工讨教起来。

过了一个星期，又到了园艺工上门的时间，他如约向爱因斯坦家走去，却见爱因斯坦已经笑眯眯地站在门口了。“你再听听我拉的小提琴怎样了。”爱因斯坦说完就操起了琴弓。

听完演奏，园艺工又认真地提了些意见。爱因斯坦像个小学生似的边点头边思考。

园艺工人突然意识到了什么。“爱因斯坦先生，我对音乐并非全懂呀！您如此喜欢拉小提琴，去请一位专家来指导不是更好吗？”园艺工不好意思再当科学家的老师了。

“不，”爱因斯坦连连摇头，“我找过他们，可他们总是夸奖我……”两人就这样成为朋友了。

世界上只有虚怀若谷的求知者，没有狂妄自大的成功者。曾国藩说：“君子过人之处只是谦虚罢了。”谦虚是通往成功和赢得人们尊重的最重要的品质之一。生活中，那些才识、学问越高的人，在态度上反而越谦卑，他们总是希望自己能精益求精，更上一层楼。谦虚，才能听得进别人的意见，才能摆正自己的位置。反之，则就容易居高临下，目中无人。

法国思想家孟德斯鸠说：“谦虚是不可缺少的品德。”具有这种品格的人，在待人接物时温和有礼、平易近人、尊重他人，善于倾听他人的意见和建议，能虚心求教，取长补短。谦虚的人有自知之明，他们在成绩面前不居功自傲；在缺点和错误面前不文过饰非，能主动采取措施进行改正。谦虚的人往往能受到别人的友善对待和关照，从而为将来事业的成功打下良好基础。

在一次大学学术论坛后的晚餐中，一位年轻化学博士的论文提纲得到教授的通过，他表现得甚为得意忘形，大发议论。

只见他口若悬河，说出一大堆方程式，似乎颇有见地。他更以悲天悯人的神态，批评科学的误用为人类前途带来的潜在危机问题等。

坐在这个小伙子对面的是一位白发苍苍的老先生。小伙子每说一句话，他都会细心聆听，不时点头以示附和。

小伙子终于发现这位知心客，视线逐渐转移到他身上。他向老先生详细解释很多化学现象，恐怕老先生不明白，更不厌其烦地举出例子进行解说。

最后，小伙子询问老先生年轻时修读哪一科目，老先生回答说化学。小伙子有一点愕然，再问老先生毕业后干哪一行，老先生说："我毕业后留在学术界发展，就在这所大学里，直至5年前退休之前，我所担任的是化学系主任。"

老先生一个字一个字把他个人的背景说了出来，小伙子渐感尴尬，他刚才在老师面前班门弄斧，却难得老师耐心细听，没有点破。

谦逊基于力量，高傲基于无能。狂妄自大和自以为是并不会为我们赢得好的机会，只会断送我们的前程。因为一个喜欢标榜自己的人往往会失去朋友，没有人喜欢和一个爱自我表扬的人在一起。失去别人的信任，别人不但对你的能力产生怀疑，更严重的是，你的品德和灵魂也会遭人批评。无疑，一个没有好人缘、不可信的人也难以做出什么大的成绩。

谦虚是一种美德，更是一种人生的智慧。你可能也会有这样一种体会：越是谦逊的人，人们越容易发现他的优点；越是孤傲自大的人，人们越会瞧不起他，喜欢找出他的缺点。这就是谦虚的效能。所以，平时你要谦逊地对待别人，才能得到更多的支持，赢得他人的友谊，为你的事业奠定基础。

学会道歉，你的好人缘也就来了

著名的军事家孙子说过这样一句话："过也，人皆见之；更之，人皆仰之。"我们每个人都不可避免地会做错一些事情，做错了事情不可怕，只要我们能够改正错误，及时向他人道歉，还是会得到别人的谅解的。

唇齿相依就会有牙咬着肉的时候，人与人交往自然也难免闹些矛盾，这是很正常的现象，关键是发生矛盾后怎么解决。其实，一句非常简单的“对不起”就可以解决很多麻烦事。无数事实表明，道歉是一种很重要的交际手段，它能有效化解人际关系中的各种矛盾，消除隔阂。

在现实生活中，总有一些人不愿放下面子主动道歉，有可能是受了传统观念的影响，也可能是对道歉的理解存在误区，而最可能的原因是没有养成向别人道歉的习惯。

在拥挤的车流中，一辆自行车不小心碰了另一辆自行车。两个人四目相望，都不出声。“怎么骑车的哪？”一个终于忍不住说。“我正常骑的。”“你干吗撞我？”“你会不会骑车？”“去你的！”“你骂人？！”两个人你一句我一句吵了起来，最后下了车像角斗士一般在大街上打了起来，交通一时被堵，有急事的只好绕道行驶。直到110来了，将两个人带到了警察局，两个人都冷静下来，才认识到了自己的错误。

本来是一件小事，却因为不懂道歉而发展成斗殴事件，这是我们所不愿看到的。所以，如果你做错事情，一定要学会道歉。

道歉是一种礼貌，也是一种重要的交往礼仪。美国公关专家雅各贝曾说：“学会道歉是一种重要的社会技能，真诚的道歉将会使人们感受到人与人之间最美好的情感。”如果我们每个人都能做到犯错后及时承认并道歉，那些不必要的矛盾、纠纷就会大大减少，整个社会也会和谐很多。

在一条狭窄的路上，车水马龙，人来人往，许多车辆都停滞不前。一位女士在路边摊买好水果后刚要转身离开，不想身边一辆电动自行车飞驰而来，车把刮到了她的衣服，她仰天摔在地上，车主连忙惊慌地下了车。令人想不到的是，这位女士从地上爬起来向青年车主道歉："对不起啊，是我不小心，没看到你过来，实在对不起。"骑车的青年不知如何是好，羞得满脸通红，说话也变得结结巴巴："大姐，说对不起的应该是我，我车速太快，这里人多，太不应该了。"就这样，两人互相道了歉。最后，青年从旁边水果摊上买了一箱水果，硬是让大姐收下。两个人没有发生任何不愉快，客客气气地解决了问题。

在人际交往中，道歉是缓和人际关系紧张的一剂灵药。道歉不但可以弥补破裂的关系，而且可以化解矛盾，增进人与人之间的感情，因此道歉可谓是一种高明的补漏剂。

知错就改，敢于道歉，才会赢得别人的尊重。本杰明·狄斯拉里说："世上最难做的一件事，便是承认自己错了。要解决这种问题，除了坦白承认错误，没有更好的办法。"倘若你发现自己错了，不及时向别人道歉，甚至千方百计找借口为自己辩解，会让事情变得更糟。这时，你不仅得不到别人的谅解，相反还会受到道德上的谴责和人格、形象上的损害，甚至激化你和别人之间的矛盾，让你成为众矢之的。

总之，任何人都不能小看道歉的作用。道歉不是一件难堪的事，更不是一件丢脸的事，真诚的道歉反而是明智之举，它不但会使你获得别人由衷的谅解，会使你得到别人赞许的目光，还会使人们感受到人间最美好的感情，而你就在"人们"之中！

做人没有诚信，何谈交际

诚信是中华民族的传统美德。孔子曾说：“人而无信，不知其可也。”意思是说一个人不讲信用，就不知他能干什么。换句话说，一个人不讲信用，就很难有什么朋友。

从本质上说，诚信是一种人品修养，是做人的根本准则。诗人艾青这样说：“人民不喜欢假，哪怕多么装腔作势、多么冠冕堂皇的假话，都不会打动人心的。人人心里都有一架衡量语言的天平。”言外之意是告诉人们，在交往中要讲信用、说真话、讲实情，而不能信口开河，夸夸其谈。

战国时期，魏国的第一个国君叫魏文侯，由于他处处诚信待人，不论当官的，还是普通百姓，都敬重他，所以魏国迅速强大起来。

有一次，他和人约好第二天下午去山林打猎练兵。

到了次日，下朝后举行了宴会，魏文侯准备宴会一结束就去赴约，可谁知忽然下起了瓢泼大雨。魏文侯起身对众大臣说：“对不起，我要告辞了，赶快准备车马，我要到郊外去打猎练兵，那里已经有人在等我了！”众臣一见国君要冒雨出门，都上前劝阻。这个说：“这么大的雨，怎能出门呢？”那个说：“即使去了也无法打猎练兵呀。”魏文侯看看天色说：“打猎练兵是不成了，可是也得告诉那人哪。”众臣中有人自告奋勇说：“那好，我马上去。”魏文侯把手一摆，说：“慢，要告诉也得我自己去。昨天是我亲自跟人家约定的，如今失约，我要亲自向人家道歉才行。”说完大步跨出门外。

在众大臣眼里，魏文侯实在太傻，随便叫一个随从去就可以了，何必自己亲自去呢？事实上，正因为魏文侯处处诚信待人，才博得了臣民的信赖，国家才得以强盛。

诚信是做人处世之本。只有守信的人，才会有人信任。只有做到了一诺千金，你的事业才有望发展、壮大并蒸蒸日上。如果不讲诚信，就无法实现自身的发展和完善，也很难取得长久而真正的利益。

诚信不仅是一种个人品质、一种行为规范，更是一种高超的处世之道。“听其言，观其行”，你的一言一行，别人都看在眼里，记在心里，一旦发现你言行不一致，你的威信就会大大降低。所以，以诚信的态度处世，讲信义、重信义，这样的人才会为世人所接受。

星期五的傍晚，一个贫穷的年轻艺人像往常一样站在地铁站门口，专心致志地拉着他的小提琴，琴声优美动听。虽然人们都急急忙忙地赶着回家过周末，还是有很多人情不自禁地放慢了脚步，并不时会有人在年轻艺人放在地上的礼帽里放一些钱。

第二天黄昏，年轻的艺人又像往常一样准时来到地铁门口，把他的礼帽摘下来很优雅地放在地上。与以往不同的是，他还从包里拿出一张报纸，然后很认真地铺在地上，四周用自备的小石块压上。做完这一切之后，他调试好小提琴，又开始演奏，声音似乎比以前更动听、更悠扬。

不久，年轻的小提琴手周围站满了人。人们都被铺在地上的那张报纸上的字吸引了，有的人还踮起脚尖看。上面写着：“昨天傍晚，有一位叫乔桑的先生错将一份很重要的东西放在我的礼帽里，请您速来认领。”

人们看了之后议论纷纷，都想知道那是一份什么样的东西，有的人甚至还在一边等着想看个究竟。过了半小时左右，一个中年男人急急忙忙跑过来，拨开人群冲到小提琴手面前，抓住他的肩膀语无伦次地说："啊！是您呀，您真的来了，我就知道您是个诚实的人，您一定会来的。"

年轻的小提琴手冷静地问："您是乔桑先生吗？"

那人连忙点头。小提琴手又问："您遗落了什么东西吗？"

那个先生说："彩票，彩票。"

于是小提琴手从怀里掏出一张彩票，上面醒目地写着乔桑的名字，小提琴手举着彩票问："是这个吗？"

乔桑迅速地点点头，抢过彩票吻了一下，然后抱着小提琴手在地上疯狂地转了两圈。

事情是这样的，乔桑是一家公司的小职员，前些日子他买了一张彩票，昨天上午开奖，他中了50万美元的奖金。昨天下班，他心情很好，觉得音乐也特别美妙，于是从钱包里掏出50美元，放在了礼帽里，可是不小心把彩票也扔了进去。小提琴手是一名艺术学院的学生，本来打算去维也纳进修，已经定好了机票，时间就在今天上午，可是他昨天整理东西时发现了这张价值50万美元的彩票，想到失主会来找，于是退掉了机票，又准时来到这里。

后来，有人问小提琴手："你当时正好需要一笔学费，为了赚够这笔学费，你不得不每天到地铁站拉提琴。那你为什么不把那50万美元的彩票留下呢？"

小提琴手说："虽然我没钱，但我活得很快乐；假如我没了诚信，我一天也不会快乐。"

人在社会中生活离不开交往，而交往离不开信用，"小信成则大信也立"，无论做人还是做事，都要讲诚信。一个讲诚信的人，能够做到前后一致、言行一致、表里如一，人们可以根据他的言论去判断他的行为，进行正常的交往。你无法对一个不讲信誉、前后矛盾、言行不一的人判断他的行为动向。

生活中，如果你想得到别人的帮助，想取得事业上的成功，你必须做到诚信待人。只要你诚实有信，自然会得到大家的认可，获得众人的尊重。反过来，如果你口是心非，说一套做一套，表面上看是占了一些便宜，但为了这点便宜毁了自己的声誉，这是最不划算的。失信于人，无异于丢了西瓜捡芝麻，得不偿失。

诚信是一种美德，也是与人交往的基本准则。讲诚信的人会吸引周围的人跟随你，并对你信任有加。所以，我们要想被人喜欢，就要说到做到，只有守信用的人才会交到真正的朋友。

你有多守时，就有多靠谱

人们常说："时间就是金钱，时间就是生命。"时间的重要性不言而喻。既然时间如此宝贵，那么守时就显得更加重要了。

所谓守时，就是遵守时间，履行承诺，答应别人的事情就要在规定的时间范围内完成。守时，不是一件小事，守时不仅是自身素质的一种体现，也是对他人尊重、负责的一种人际关系体现，是一种积极的人生态度。如果你对别人的时间不尊重，你也不能期望别人会尊重你的时间。一旦你不守时，就会给人留下一个坏印象。不守时就等同于不守信用，会让他人对你失去信任。

詹姆斯先生一贯非常准时，在他看来，不准时就是一种难以容忍的罪恶。有一次，詹姆斯与一位请求他帮忙的青年约好，某天早晨的10点钟在自己的办公室里见面，然后陪那位青年去拜访火车站站长，应聘一个铁路上的职位。到了这一天，那位青年比约定时间竟晚了20 分钟。所以，当那位青年到达詹姆斯的办公室时，詹姆斯先生已经离开办公室，开会去了。

过了几天，那位青年再去求见詹姆斯。詹姆斯问他那天为什么失约，谁知那个青年回答道："呀，詹姆斯先生，那天我是在10点20分来的！""但是约定的时间是10点钟啊！"詹姆斯提醒他。那个青年支吾着说："迟到一二十分钟，应该没有太大关系吧？"詹姆斯先生很严肃地对他说："谁说没有关系？你要知道，能否准时赴约是一件极重要的事情。就这件事来说，你因为不能准时经已失掉了拥有你所向往的那个职位的机会，因为就在那一天，铁路部门已聘请了另一个人。而且我还要告诉你，你没有权利看轻我的20分钟时间，没有理由以为我白等你20分钟是不要紧的。老实告诉你，在那20分钟的时间中，我必须赴另外两个重要的约会，我也不能让别人白等。"

做事不守时，有时哪怕是错失一两分钟的时间，也会让你的形象一落千丈，功败垂成。不要以为约会迟到只是一件稀松平常的事，更不要以为它不足以产生严重的不良后果。事实上，在"守时"被视为美德的社会里，"迟到"是一种令人难以接受的恶习。它不仅会让你的人际关系尴尬，还会使正常的生活安排被打乱。一味地让对方等你，一次两次或许可以忍受，时间久了，对方就会对你避而远之。

守时是一种基本的礼仪。德国民间流传着这样一句话："准时是帝王的礼貌。"的确，守时是一种美德、一种素质、一种涵养，是待人有礼貌的表现。一个守时的人，每次出现都会给对方留下良好的印象，从而为自己赢得更多的朋友。不遵守时间的人，在浪费自己和别人宝贵时间的同时，也会失去朋友，有谁愿意和一个不懂得珍惜时间、不懂得尊重他人的人做朋友呢？不守时只是一种表象，深层次的原因源于对时间的轻视和对别人的漠视，所以说，守时不单单是礼貌问题，更是人品问题。

联想集团原董事局主席柳传志是一位非常守时的人，参加活动几乎从来没有迟到过，因为他总是准备出一些富余的时间，比如某天上午柳传志要开车去某地参加一项活动，活动正式开始的时间是上午10点钟，而从出发地到活动地开车需要一个小时，按理只要9点出发就行了，但他8点就会出发，把堵车等意外情况考虑在内。因此，很多时候，柳传志总能提前半个小时或一个小时到达目的地。虽然提前到了，但他并不急于去活动现场，而是待在车里处理其他事情。有一次司机问他为什么不直接上去，他说活动正式开始的时间还没有到，如果自己提前上去，会打乱主办方的阵脚，他们定会派出专人来陪他，这不仅会给他们添麻烦，而且还会搞乱他们的计划。

在公司内部的大小活动或会议上，柳传志同样守时，很少迟到。有一回，他在一个领导层会议上迟到了7分钟，结果自罚站了半个小时。当时，有人劝他：“柳总，您没有必要处罚自己，这是一个意外。”原来，一部电梯突然发生了故障，柳传志被困在里面足足有30分钟。

柳传志的回答却是：“无论如何，我要对别人的时间负责，而不是对自己的意外负责！”

守时是对别人的尊重，是自己的一片信誉，是一种于细节处相见的美德。它不仅可以体现一个人对人对事的态度，更体现一个人的道德修养。守时的习惯代表一个人对自己的控制能力。如果一个人平常没有办法守时的话，那他做什么事情应该都难以如期完成。一个守时的人一定是一个懂得珍惜时间的人，因为他不仅会注意不浪费自己的时间，也会时时注意不浪费别人的时间。管理好自己的时间，就是让自己无论在做什么事的时候都能够轻松应对、游刃有余。一个守时的人，必将获得别人的尊重，也必将赢得自己的成功。

守时是现代交际中彼此尊重的一个重要体现，是一个社会人需要遵守的最起码的礼仪之一。守时，对个人来说是一种好习惯，在与他人的交往中是一种礼貌和信用。守时与否体现了一个人的教养和基本素质，不可小视。

第二章

形象好了，朋友就来了

印象好坏，取决于交往的“半分钟”

在与陌生人交往的过程中，所得到的有关对方的最初印象称为第一印象。在人际交往过程中，我们都希望自己给他人留下良好的第一印象，因为良好的第一印象不仅可以使他人注意到我们，让他人更愿意接近我们，而且便于我们与他人更好地相处，从而构建良好的人际关系。反之，如果给他人的第一印象不好，那么很容易影响以后的交往。因此，我们初次与人交往时一定要给人留下良好的第一印象。

初次见面时，对方的仪表、风度留给我们的最初印象往往成为日后是否与其进一步交往的依据。一般人通常根据最初印象而将他人加以归类，然后再从这一类别中对这个人加以推论并做出判断。人与人之间的相互交往、人际关系的建立，往往是根据第一印象所形成的论断。第一印象并非总是正确，但总是最鲜明、最牢固的，并且决定着以后双方交往的顺利与否。

英国一位华裔投资商在网络飞腾的20世纪末来到北京的中关村，和一位电脑才子会谈投资。他说：“我怎么也不能相信这穿着旅游鞋、牛仔裤，头发如同干草、说话结结巴巴的小子会向我要500万美元的投资，他的形象和个人素养都不能让我信服他是一个懂得如何处理商务的领导人。”

有一句谚语是这样说的：“第一印象永远不可能有第二次机会。”可见，良好的第一印象是交往成功的良好开端。第一次与一个人交往成功是后续成功发展的关键。人们对某个人形成的第一印象，通常难以改变。而且，人们通常还会寻找更多的理由去支持这种印象。因此，初次见面就给人留下不好印象的人，通常是不讨人喜欢的人，而第一次交往就给人留下美好印象的人往往更受欢迎。所以，务必注意你第一次跟人打交道时的“第一印象”。

李嘉诚当推销员的时候，就特别注意推销自己。他认为，一个优秀的推销员在推销产品的同时，更要注重推销自己。在推销的过程中，李嘉诚发现当好推销员必须十分注意自己的包装。他觉得产品需要包装，而推销员更应该包装。推销员的包装，不止服装，还包括言谈举止、行为修养。

于是，李嘉诚开始全方位包装自己。他对自己的要求是具有绅士风度。虽然李嘉诚当时收入不高，家庭负担很重，而且他还有远大抱负，要攒钱办大事，但他十分重视自己的仪表修饰。他的服装既不新又非名牌，但相当整洁。他对自己的行为有一个简单而又包罗万象的衡量标准，就是使任何人都能对他产生好感。

李嘉诚先生给人的印象总是那么的谦和、稳重、诚恳、值得信任，这也是他成功的法宝之一。

美国形象大师罗波特·庞德曾说过：“你永远只有两分钟。前一分钟用来让人认识你，后一分钟用来让人喜欢你。”不可否认，给他人留下的第一印象直接影响着我们在他人心目中受欢迎的程度。那么，怎样才能给人良好的第一印象呢?

1. 注意仪表

穿着打扮是影响第一印象的重要因素。通常情况下，我们在一瞬间就能看出一个人与另一个人的区别，而且通过一个人的穿着打扮就可以大体判断出这个人的个性。或许有的人会觉得这样的判断太过主观，然而这就是所谓的第一印象。比如，对颜色比较敏感的人往往会通过看对方的衣服颜色进行印象判定，如果品位相同就会有亲近感，品位不同就会产生疏离感。因此，我们有必要注意自己的穿着，不一定要穿最流行、最时髦的衣服，而要注重穿着整洁，适合自己的性格和体型。

2. 注意谈吐

一个人的谈吐可以充分体现其魅力、才华及修养。一个人有没有才华最容易从讲话中表现出来。我们在社交时，要注意语言表达要简明扼要，不乱用词语；别人讲话时，要专心地倾听，态度谦虚，不随便打断；在听的过程中，要善于通过身体语言和话语给对方以必要的反馈；不追问别人不想回答的事情，以免给人留下不好的印象。

3. 注意行为举止

行为举止是个人品格修养的重要部分。在一个新环境里，别人对我们还不完全了解，过分随便有可能引起误解，以致留下不良的第一印象。在一般情况下，大方、随和、乐观、热情的人总是受人欢迎的；炫耀、粗鲁或过于拘束的人则让人生厌。男士的举止要讲究潇洒、刚强；女士的举止要注意优美、含蓄。

行为举止是社交中的无声语言

举止是一个人的自身素养在生活和行为方面的反映，是映现一个人涵养的一面镜子。在中华民族礼仪要求中，“站有站相，坐有坐相，走有走姿”是对一个人行为举止最基本的要求。正确而优雅的举止，可以使人显得有风度、有修养，给人以美好的印象；反之，则显得不雅，甚至失礼。

于娜虽然是个年轻人，却不太注意自己的形象，走起路来看似有气无力的，站在那儿也是东倒西歪的，给人的感觉非常别扭。一些好朋友经常劝她说："你这么年轻怎么站没站样，坐没坐样的，看起来一点精神都没有。"她却说："人只要有能力就行了，女人可不能靠漂亮赚钱，哪有那么多讲究呢！"

然而，就是她身上的一个小毛病，给她造成的影响非常大。她第一次找工作时，给一个大企业投了简历，初试、笔试都进行得非常顺利，而且成绩相当不错，她满以为拿下这份工作应该是水到渠成的事。可是，她在最后一关面试的时候被淘汰了，其原因就是不注意举手投足这些小事。

最后的面试是由老总亲自主持的，从于娜走进办公室开始，老总就一直皱着眉头，简单问了几句就把她打发走了。那个老总后来对人事经理说："于娜各个方面都还不错，可是她有气无力的走路姿势实在让人受不了，一个女人连自身姿态都不注意，很难想象她会认真工作。"

于娜就因为这么一个简单的原因被淘汰了，可见举手投足不是小事而是很重要的事，它在很大程度上左右着别人对我们的观感。

行为举止看起来好像是琐碎小事，但是小事往往更能直接地反映一个人的文化修养和素质。在日常生活中，我们经常碰到这样的人：他们或仪表堂堂，或漂亮异常，然而一举手、一投足，便暴露了其粗俗的一面。这种人金玉其外，败絮其中，只能使人厌恶。所以，在社会交往活动中，要给对方留下美好而深刻的印象，外在的美固然重要，高雅的谈吐、优雅的举止等内在涵养的表现，则更为人们所推崇。

有一位著名的女模特曾被身边人笑称为"台步女王"，这自然与她的职业有关。作为模特，需要经常出入各大秀场，有时一天走好几场秀，许多模特一下台就放松紧绷的神经，抓紧时间休息。而这位名模仍然像“电线杆”一样站着，丝毫不松懈。在被问及为什么如此注意自己的站姿时，她笑着回答：“其实我也试过别人认为舒服的姿势，可是已经习惯挺胸抬头的我一放松下来就很疲惫，还不如挺胸抬头来得舒服。我认为站姿是一切美姿美仪的基础，如果一个人站得懒散是很难成为美女的。”

优雅迷人的姿态有赖于日常培养。这就要求我们应当从举手投足等日常行为方面有意识地锻炼自己，养成良好的站、坐、行姿态，做到举止端庄、优雅得体。

1. 站姿要优美

常言道：“站有站相。”良好的站相展示给别人的是一种美感，人们无形之中会被吸引。这也是那些刚毅洒脱、威武挺立的男士和亭亭玉立、优雅端庄的女士更容易吸引人眼球的原因。

要想拥有优美的站姿，首先要按照基本的站姿要领要求自己，具体来说包括以下这些方面：挺胸收腹，两肩平齐，双臂自然下垂。双腿靠拢，脚尖张开约60度，或双脚与肩同宽；抬头挺直脖颈，双目向前平视，面带微笑，微收下颌。

站姿也可以根据场合进行调整。为了避免姿势呆板、僵硬，可以在一定范围内灵活变动，但是身体要保持笔直。

2. 坐姿要端庄

优雅大方的坐姿向别人传达出的信息是自信、友好、热情，体现的是自身高雅端庄的气质。

轻、稳、缓是入座的基本要求。入座时要轻，缓走到座位面前转身，稳稳地坐下。坐下后，上身要保持挺直，头部端正，目光平视前方。双腿轻轻并拢，双肩自然下垂，双手分开放在膝上。如果是女士就要把两足并在一起，并把两个脚后跟微微提起。这样，不仅姿势好看，而且会给人一种沉稳、大方的感觉。

3. 走姿要轻盈

所谓“走如风”，意思是走起路来要像风一样轻盈。行走时，步态应该自然轻松，目视前方，身体挺直，双肩自然下垂，不摇晃肩膀和上半身，膝关节与脚尖正对前进方向。行走的步子大小适中，自然稳健，节奏与着地的重力一致。走路的姿势要优美，体态轻盈、自然，使自己的外部形象能较好地表现出内在的涵养来。

总之，行为举止是一种无声的语言，是一个人的性格、修养和生活习惯的外在表现。在人际交往中，一个人的行为举止，直接影响着别人对他的评价，因此一定要养成良好的行为举止习惯。

气质优雅，让你在社交中脱颖而出

气质是一个人的内在涵养和外在行为，如谈吐、待人接物的方式、态度等方面总和，它是能力、知识、阅历、情感等多种因素的综合外在表现，来自丰富的、深厚的信仰与底蕴。俗话说“穿上龙袍也不像太子”，这说明气质是模仿不来的，怎么装也装不像。

在现实生活中，很多年轻人只注意自己的穿着打扮，并不怎么注意自己的气质培养。诚然，美丽的容貌、时髦的服饰、精心的打扮都能给人以美感，但是这种外表的美总是肤浅而短暂的，如同天上的流云，转瞬即逝。如果你是有心人，就会发现，气质给人的美感是不受年纪、服饰和打扮局限的。一个人的真正魅力主要来自特有的气质，这种气质对同性和异性都有吸引力。这是一种内在的人格魅力。

20世纪70年代，一个男孩和自己的父亲参加一个好莱坞电影明星到场的豪华酒会。当时，到处都是奢侈的装饰品，有很多漂亮的女明星，还有很多衣冠楚楚的大商人和政治家，可以说参加酒会的都是社会的上层人物，但是当一个女人出场的时候，所有的富贵和奢华都变得暗淡无光，她光芒四射，气质压人，每个人的目光都集中在这个女人身上，并且情不自禁地向她走过去，希望能够和她握手，与她交谈，和她成为朋友，哪怕能得到她的注意也是一件令人兴奋的事情。

这个女人的身影和面容，甚至当时的场景，让这个小男孩儿始终记忆犹新，后来当小男孩儿大一些的时候，才知道那位女士就是当时最著名的演员“玛丽莲·梦露”。

气质，代表人的一种品格，它不以身份、地位而转移，是从骨子散发出来的气场。一个真正有气质的人，即便没有锦衣玉食的衬托，生活简朴，也能通过端庄的形象、礼貌的谈吐等一系列日常的行为举止给人留下优雅的印象。

气质美看似无形实则有形，它通过对待生活的态度、个性特征、言行举止等表现出来，外化在举手投足之间。谈吐自如是一种风度，笑对群儒是一种境界，侃侃而谈是一种能力，这些都是气质张扬出来的美。

奥黛丽·赫本长着一头棕色的头发和一双棕色的眼睛，有比利时、荷兰、英国和爱尔兰四国血统。她独特的气质奠定了她在演艺界的地位。

由于体质比较弱，她不得不放弃她的芭蕾舞生涯。后来，有人要拍摄一部40分钟的电影短片，主要内容是介绍旅行风光，片中需要一名会英、德两种语言的少女，装扮成空中小姐向观众讲解风光景物，经朋友介绍，赫本前往应试。

十八九岁的奥黛丽·赫本，长得文雅秀美、亭亭玉立，两位导演先后接见了她。

导演林登后来回忆说：“奥黛丽·赫本小姐光彩照人，愉快、亲切，很有教养。她像小鸟似的叽叽喳喳，讲她的芭蕾舞训练。”

他对助手说：“快来！你见过一个会走路的梦吗？我看见了。”

另一位导演则极力证明，是他第一个发现了奥黛丽·赫本：“她走进我的办公室，说她是学芭蕾的，要找个工作。我向她解释说，我不拍音乐舞蹈片。不过，我继续和她谈话。不知怎的，我被她那新鲜、开朗和难以置信的微笑吸引住了。她的小圆脸上一对大而明亮的眼睛使她成了一个小太阳！最后，我恍然大悟，她就是影片中要用的人。”

比利·怀尔德说：“奥黛丽·赫本呈现的是一些消逝已久的特质。例如，高贵、优雅与礼仪等，上帝都愿意亲吻她的脸颊，她就是这样一个讨人喜欢的人。”

除此之外，奥黛丽·赫本也能把握时尚和潮流。“她很清楚自己要什么，她了解自己的容貌与身材、优点与缺点。她知道要穿着削肩的晚礼服遮住自己嶙峋的锁骨。我为她设计的款式终于变成广受欢迎的时装，我将之命名为‘萨布丽娜露肩洋装’。”纪梵希如实评价他的好搭档——奥黛丽·赫本对于时尚的领悟和把握能力。奥黛丽·赫本了解自己的缺点与优点，她发展了属于她自己的风格。她引领的风潮和前卫的风格几十年来风行不坠，历久弥新。可能她唯一的规则就是不盲目地跟着流行走。事实上，她总是遵循自己的趣味，坚持自己的步调。任何衣服穿在她的身上，绝对不会显得喧宾夺主，这就是时尚界所说的“是奥黛丽穿衣服，而不是衣服穿在奥黛丽身上”。

奥黛丽·赫本有着美丽的容貌，这毋庸置疑。但她带给人更多的是一种气质美，还有善良的心。

气质是一种永恒的诱惑，因为它不是单靠外貌就能获得的，还需要拥有丰富的智慧与常识，拥有迷人的气度与较高的综合素质。气质可以让一个人在人群中脱颖而出，获得更多友谊和支持。

气质与修养不是某一类人的专利，它是属于每一个人的。气质与修养也不是和金钱、权势联系在一起的，无论何种职业任何年龄，哪怕是这个社会中最普通的一员，也可以拥有自己的气质与修养，只要不断学习、提升修养，每个人都有机会展现自己独特的气质。

气质不是一朝一夕养成的，它是一种精神的素质。它不是时髦，不是漂亮，也不是金钱所能代表的生活方式，它常常是一种纯粹的细节所反映出来的点点滴滴。外在的东西永远都是变化的，再流行的东西也会有过时的一天，唯有气质来自时间的积淀和修炼，历久弥新。

真正高贵脱俗、优雅绝伦的气质，需要的是全方位的修炼和岁月的不断沉淀，如梦中的一抹花影，像生命中的一缕暗香，渗入人的骨髓与生命之中，让人们面对岁月的无情流逝时，仍然能够拥有一份灵秀和聪慧，一份从容和淡定……所以说，优雅的气质并非可以用金钱、权力这些身外之物伪装，而是内心的升华呈现在世人面前的感觉，即内心的优雅才是真正的优雅。

良好的教养，令你更受欢迎

在人际交往中，人们往往喜欢用“这个人有教养”来表示对他人的好感，而用“这个人教养不够或没有教养”来表示不喜欢。所以，“有没有教养”便成了评论一个人是否受人喜欢的首要因素。

何谓教养？教养是一个人的内在素质和心灵品质的外在表现。它源于家庭、社会的影响和生活的积累。它是无形的，也是有形的。它通过日常交往中有形的言行举止表现出无形的力量，比如礼貌、谦让、文明、爱心、诚信、卫生、正义感等等。

在现实生活中我们时常发现有些人似乎特别幸运，他们无论走到哪里都备受欢迎，但并不是因为他们更加聪明或者有才华！只要我们对这些“幸运儿”稍加分析就会发现，他们无一不具有良好的教养，也正因如此，他们身上就像有一个奇特的磁场，总是能把别人牢牢地吸引在自己周围。

现实社会中，有教养的人在社交活动、日常交往、个人生活中往往表现出良好的气质和风度，受到人们的欢迎和尊重。

一位贫穷的牧师一直潜心研究学问，人们都很喜欢他，认为他是最完美的绅士。虽然他的衣服不是很好，但总是干干净净，特别整洁。每次外出布道的时候，他总会谦和地和当地的人打招呼。人们也对他非常友好，经常送给他一些食物和生活用品。后来，贫穷的牧师突然变得富有了，而这个让人意想不到的变化主要是因为一次奇特的经历。

一天，两位着装古朴的老妇人来教堂做礼拜，因为大家从来都没有见过这种样式的衣服，于是一拥而上，用异样的目光看着两位老人，伸出手指指点点，嬉笑不止。几个游手好闲的小伙子竟然上前拉扯老夫人的衣服，好奇地要看个究竟。两位老妇人窘迫不已，不敢往前走了，生怕里面的人更多。

见此情景，这位年轻的牧师连忙上前疏散了围观的人，然后带着她们沿中央过道走进教堂，很快帮她们找到了座位。

原来这两位老妇人是一对姐妹，她们两个人都没有孩子，虽然和这位牧师素不相识，但因为牧师的修养让她们感动，所以她们执意要把一大笔财产留给他。

为什么老妇人愿意把财产留给这位贫穷的牧师？原因就是牧师拥有良好的教养！

教养是一个人一生中必不可少的东西，一个有教养的人必定是讨人喜欢的人。教养就是懂得尊重他人，教养就是真诚待人，教养就是懂礼仪……英国哲学家约翰·洛克曾说："教养润饰了人的所有其他美德而使之光彩夺目。没有教养，其余一切成就就会被人看成自负、无用或者愚蠢。"一个人如果没有才华，不会有人怪他，但是如果一个人没有好的教养，即使他才高八斗、学富五车也很难让人看得起他。因此，良好的教养是受人欢迎的前提。

一位国内知名大学的教授曾讲过他经历的一件尴尬的事：

一次在巴黎，他与一对父子去参观一个展览会。那天下着雨，花园的地上有点泥，从花园进入大厅，会走过一块较大的脚垫，他以为这块脚垫足以将鞋子上的泥蹭掉了，就直接进去了，但他发现父子二人并没有一起进来，回头一看，发现那父子俩正在门垫上来回蹭着鞋底。他很惭愧地说这种很细微的举止就是教养的表现。

人与人和谐相处离不开教养。有教养的人尊重他人，也尊重自己，必然会受到别人的尊重和喜爱，而没有教养的人自然是让人厌烦的。

维特门是哈佛大学毕业的著名律师，当他被选为州议员之后，他穿着乡下人的服装，从农庄来到了波士顿，在一家旅馆的客厅里坐下休息。这时候，他听到一群绅士、淑女在议论：“呵，来了一个地道的乡巴佬，我们逗逗他。”

于是，他们围了过来，向维特门提出各种各样的怪问题，企图嘲弄他。维特门站起来说：“女士们、先生们，请允许我祝福你们愉快和健康。在这文明的时代里，难道你们不可以变得更有教养、更聪明些吗？穿着高贵，言词如此，这是虚伪。你们仅从我的衣着看我就不免看错了人，以为我是乡巴佬。而我呢，同样的原因，还以为你们是绅士、淑女。其实，我们都错了。”

这时，有人进来尊敬地称呼维特门为先生，维特门转过身来，对那伙呆若木鸡的人说：“再见了，祝你们晚安。”

教养是一个人的品德和文化的修养状况，它直接的外在表现就是一个人的文明素养。一位哈佛大学的教授曾说过：“如果你失去了今天，你不算失败，因为明天会再来；如果你失去了金钱，你也不算失败，因为人生的价值不在钱袋；如果你失去了教养，你就是彻彻底底的失败，因为你失去了做人的根本，注定没有未来。”

有教养的人总会表现出良好的个性，受到人们的欢迎。教养是一种潜在的品质，一个有教养的男人总是让人心生好感，而一个有教养的女人总是让人如沐春风。

教养是一种文明规范，是文明社会的道德基石。得体的教养，有助于我们获得社会认可和幸福的生活，有助于我们建立积极和谐的社会关系，也有利于我们表现良好的公共形象。教养的基础是理解和尊重他人，并且不妨碍他人。教养是良好的社会规范的表现，不是随心所欲，更不是唯我独尊。有教养的人在善待他人的同时也会善待自己。真正的教养源自一颗热爱自己和热爱他人的心，不是做给别人看的，而是发自内心的。

逢人三分笑，微笑常挂在脸上

微笑是世界上最美丽的表情，是世界上最动听的语言。没有什么东西能比一个微笑更能打动人了。经常面带微笑的人，使人感到愉快，往往能吸引人，能够更快地与他人建立良好的关系。

拿破仑·希尔这样总结微笑的力量：“真诚的微笑，其效用如同神奇的按钮，能立即接通他人友善的感情，因为它在告诉对方：我喜欢你，我愿意做你的朋友。同时也在说：我认为你也会喜欢我的。”世界名模辛迪·克劳馥曾说过这样一句话：“女人出门时若忘了化妆，最好的补救方法便是亮出你的微笑。”真诚的微笑透出的是宽容、善意、温柔和爱意，更是自信和力量。微笑是一个了不起的表情，无论是你的客户，还是朋友，甚至是陌生人，只要看到你的微笑，都难以拒绝你。微笑给世界带来了妩媚和温柔，也给人的心灵带来了阳光和感动。

小张是某公司老总的秘书，她年轻貌美，办事干脆利索。她对生活的认真与投入是有口皆碑的，同时，她对同事也很真诚，讲求公平对待，与她深交的人都为拥有这样一个好朋友而自豪。但初次见到她的人却对她少有好感，这令熟知她的人大为吃惊。为什么呢？仔细观察后才发现，原来小张的脸上几乎没有笑容。

每个人都喜欢看到一张微笑的脸，透着亲和阳光。微笑不仅能使自己心情变好，还能带给别人轻松的感觉。所以，假如你想成为一个受别人欢迎的人，请用真心的微笑示人吧。

一位成功人士曾道出自己的成功秘诀：“如果长相不好，就让自己有才气；如果才气也没有，那就总是微笑。”微笑不仅能够展示自己的自信，也表达一种乐观积极的态度。微笑是富有感染力的，一个微笑往往带来另一个微笑，能使双方顺利沟通，建立友谊，融洽关系。因为微笑，人与人之间的关系也会单纯得多、轻松得多。

微笑是生活中美好而无声的语言，它源于心地的善良、宽容和无私，表现出一种坦荡和大度。一旦你习惯于阳光灿烂的微笑，你会发现，你的生活从此会变得更加轻松。

飞机起飞前，一位乘客请求空姐给他倒一杯水吃药。空姐很有礼貌地说：“先生，为了您的安全，请稍等片刻，等飞机平稳飞行后，我会立刻把水给您送过来。好吗？”

15分钟后，飞机早已进入了平稳飞行状态。突然，乘客服务铃急促地响了起来，空姐猛然意识到：糟了，由于太忙，忘记给那位乘客倒水了！空姐连忙来到客舱，小心翼翼地把水送到那位乘客跟前，面带微笑地说：“先生，实在是对不起，由于我的疏忽，延误了您吃药的时间，我感到非常抱歉。”这位乘客指着自己的手表说道：“怎么回事？有你这样服务的吗？你看看，都过了多久了？”空姐手里端着水，心里感到很委屈。无论她怎么解释，这位挑剔的乘客都不肯原谅她的疏忽。

接下来的飞行途中，为了补偿自己的过失，空姐每次去客舱给乘客服务时，都会特意走到那位乘客面前，面带微笑地询问他是否需要水，或者别的什么帮助。然而，那位乘客余怒未消，摆出一副不合作的样子，并不理会空姐。

临到目的地前，那位乘客要求空姐把留言本给他送过去，显然他要投诉这名空姐。此时，空姐心里虽然很委屈，但仍然面带微笑地说道："先生，请允许我再次向您表示真诚的歉意，无论你提出什么意见，我都将欣然接受您的批评！"那位乘客脸色一紧，嘴巴准备说什么，却没有开口。他接过留言本，在上面写了起来。

飞机安全降落。所有的乘客陆续离开后，空姐打开留言本，惊奇地发现，那位乘客在本子上写下的并不是投诉信，而是一封热情洋溢的表扬信。

是什么使得这位挑剔的乘客最终放弃了投诉呢？在信中，空姐读到这样一句话："在整个过程中，你表现出的真诚的歉意，特别是你的十二次微笑，深深打动了我，使我最终决定将投诉信写成表扬信！你的服务质量很高。下次如果有机会，我还将乘坐你们这趟航班！"

这就是微笑的魅力。微笑是一种武器，是一种寻求和解的武器。微笑能将怒气挡在对方体内，阻止他的进攻。无论是在生活中，还是在工作中，只要你不吝惜微笑，往往能够左右逢源、顺心如意。这是因为微笑表现的是自己友善、谦恭、渴望友谊的美好的感情因素，是向他人发射出的理解、宽容、信任的信号。

微笑是对人的尊重和理解，微笑是一种礼节，见面时点头微笑，人们会意识到这是尊重和欢喜的表示。所以，如果我们想受到别人的欢迎，请真心地微笑。

微笑是最富魅力的体态语言之一。发自内心的微笑是渗透情感的微笑，包含着对人的关怀、热忱和爱心。人际交往中为了表示尊重，相互友好，微笑是必要的。微笑是一种健康的、文明的举止，一张甜蜜的带着微笑的脸总是受人喜爱的。

一位诗人曾经这样写道："你需要的话，可以拿走我的面包，可以拿走我的空气，可是别把你的微笑拿走。因为生活需要微笑，也正因为有了微笑，生活便有了生气。"的确，我们的生活中不能没有微笑。微笑是善良的表现，微笑是真诚的流露，微笑是沟通人们心灵的调和剂。如果你是个不善言辞的人，那么请亮出你的微笑，这就是最动听的语言。

穿衣有讲究，你不可不知的着装原则

俗话说："人靠衣服马靠鞍。"时下，很多年轻人有能力，也够努力，却往往得不到他人的认可。虽然他们擅长与人沟通，却总是被人误解为他们没有能力，或者低估他们的身份。究其原因，往往是他们都不注意自己的着装。

张亮毕业于北京某名牌大学，是一个追求独特个性、胸怀抱负的年轻人。他崇拜比尔·盖茨和史蒂夫·乔布斯这两位电脑奇才，并追随他们不拘一格的休闲穿衣风格，他相信人真正的才能不在外表而在大脑。于是，他不修边幅，以轻松舒适为最高原则。

然而，他的一次次面试均以失败告终。直到最后一次，他与同班同学到某公司面试，才认识到自己的差距。他的同学全副"武装"：发型清爽、面容干净、西装革履，看起来俨然是成功者的姿态。其他的应聘者也都是西服正装，看起来不但精明强干，而且气势压人。他那不修边幅的休闲装，显得格格不入，巨大的压力和相形见绌的感觉使他最终放弃了面试的机会。张亮的自信和狂妄一时间全都消失了。他不得不面对一个现实：自己还不是比尔·盖茨。

一个人的穿着是否得体在社交场合中是很重要的。只有为自己塑造一种利索能干的形象，才能够使别人对你产生信任的感觉，别人敬畏你，你办起事来才能够如鱼得水。尤其是与陌生人初次相见的时候，对方往往会以衣着是否得体来决定你是否值得交往，或者来确定你的身份，甚至是从穿着打扮上品评你的才能或人格。所以，我们一定要重视自己的外貌和服饰，良好的外形表现出一个人对生活的态度，得体的衣饰反映着一个人的精神状态。

衣着体现着一个人的文化修养和审美情趣，是一个人的身份、气质、内在素质的表现。英国女王曾在给威尔士王子的信中写道："穿着显示人的外表，人们在判定人的心态以及对这个人的观感时，通常都凭他的外表，而且常常这样判定。因为外表是看得见的，其他则看不见，基于这一点，穿着特别重要……"人类都有以貌取人的天性，外在形象直接影响着别人对你的印象。穿着得体整洁给人的印象自然是良好的，这等于在告诉大家：这是一个聪明、自重、可靠的人，大家可以尊敬、信赖他。反之，一个穿着邋遢的人给人的印象就差，这等于在告诉大家：这是个没什么作为的人，他粗心、没有效率，他习惯不被重视。

人们常说："三分人才，七分打扮。"这话从某种程度上说，反映了装饰与外在的美有着一定的联系。"梳妆打扮"固然不是人们获得魅力的主要源泉，但是得体的装饰总是能使一个人平添几分风采。一个外表修饰得干净利落而胸无点墨、腹中空空的绣花枕头，固然令人生厌，但一个博学多才、精明强干的人，也可能因不修边幅或穿着邋遢而遭遇不公。因此，外表的装饰打扮不完全是年轻女性的专利，对于任何一个人来说，都是不容疏忽的。

刘小姐非常注重着装礼仪，她的穿着总是很得体。因为个子很高，所以她从不穿短裙。她每天不是穿宽大的长裤就是及地的长裙，而下装的颜色必定也和上装的颜色搭配一致。有时候她会用一条长围巾点缀，使整套装扮精致又和谐。虽然她穿的不是什么名牌服饰，看起来却很美。当然，这只是她平时的打扮，如果要出席一些比较正式的场合，比如谈判，她也会选择合身的套装，这种装扮不同于她往日的风情万种，让她看上去干练了许多。休息时间，很多同事都围着她讨论如何穿着打扮的话题。

和刘小姐相反的是同事张小姐，张小姐也是个好打扮的人，只是她虽然很“新潮”，什么时髦穿什么，但不分场合,给人的感觉不舒服,大家对她的着装评价是“美丽尴尬”。事实上，张小姐犯的错误就是不分场合地赶潮流，而无视有些潮流根本不适合她。

从礼仪的角度看，着装不能简单地等同于穿衣。人们着装时基于自身的阅历修养、审美情趣、身材特点等，根据不同的时间、场合、目的，力所能及地对所穿的服装进行精心的选择、搭配和组合。在各种场合，注重个人着装的人能够体现仪表美，增加交际魅力，给人留下良好的印象，使人愿意与其深入交往。同时，注意着装也是每个事业成功者的基本素养。

一般来说，着装要掌握以下三点：

1. 着装应己

所谓应己，是要求在为自己选择服装时，要认真地、实事求是地明确自身的条件是否与之相适应。选择的服装首先应该适合自己的年龄、身份、体形、肤色、性格。年长者和身份地位高者，选择服装款式不宜太新潮，款式简单而面料质地则应讲究些才与身份年龄相吻合。青少年着装则着重体现青春气息，朴素、整洁为宜，清新、活泼最好，“青春自有三分俏”，若以过分的服饰破坏了青春朝气实在得不偿失。形体条件对服装款式的选择也有很大影响。身材矮胖、颈粗圆脸形者，宜穿深色低“V”字形领和大“U”形领套装，浅色、高领服装则不适合。而身材瘦长、颈细长、长脸形者宜穿浅色、高领或圆形领服装。方脸形者则宜穿小圆领或双翻领服装。身材匀称，形体条件好，肤色也好的人，着装范围则较广，可谓“浓妆淡抹总相宜”。

2. 着装应时

所谓应时，不是指追求时髦，走在时装发展潮流的前沿，而是着装必须与穿着的具体场合相吻合。在上班时间，着装应遵循端庄、整洁、稳重、美观、和谐的原则，能给人以愉悦感和庄重感。节假日休闲时间着装可随意、轻便些，西装革履则显得拘谨而不适宜。但最好不穿睡衣拖鞋到大街上去购物或散步，那是不雅和失礼的。另外，服装的选择还要适合季节气候特点，与潮流大势保持同步。

3. 着装应景

所谓应景，就是尽量使自己的着装与自己所面临的环境保持一致，绝不可以我行我素，使自己的着装同自己所处的环境格格不入，或反差过大。着装技巧是懂得在什么场合穿什么服装。正式社交场合，着装宜庄重大方，不宜过于浮华。参加晚会或喜庆场合，服饰则可明亮、艳丽些。在朋友聚会、郊游等场合，着装应轻便舒适。

总之，着装最基本的原则是“和谐美”，如果你的着装做到了以上三点，就会在人际交往中展现出大方得体的形象，受到人们的欢迎。

第三章

看透人心，掌控交际主动权

衣如其人，装扮是性情的流露

穿衣风格是一个人气质、风度、素质和修养的综合体现。正如郭沫若先生所说“衣裳是文化的表征，衣裳是思想的形象。”服装对于人自身、人的个性展示和情绪变化，都起着十分重要的作用。不仅如此，我们还可以从一个人的穿衣风格看出他的心态、性格、爱好，或者推测他的身份。衣服虽然遮蔽了一个人的身体，却暴露了他的内心。

赵敏和康玲在同一家公司任职，两个人不仅是同事，还是很好的朋友。她俩性格不同，穿衣风格也迥然不同。赵敏活泼开朗，喜欢穿着清新简洁的衣服；而康玲稳重大方，喜欢穿着成熟端庄的套装。

本来，赵敏和康玲两人同在宣传部工作，但是在一次例会上，公司经理却突然宣布让赵敏去广告部任职。面对突如其来的调动，赵敏十分纳闷。

会后，赵敏找到经理，单刀直入地问：“经理，怎么突然把我调到广告部去了呢？是不是我在宣传部做得不好？”

经理笑笑说：“也不是你做得不好，只不过我认为广告部更加适合你。”

“可是……”赵敏欲言又止。

“我知道你和康玲十分要好，不希望与她分开。”经理打断赵敏说，“但是康玲性格稳重，做事也比较老练、沉稳，适合在宣传部工作。而你性格比较单纯、天真，如果在宣传部工作的话，十分容易出差错。但是在广告部，你的这种个性却可以得到充分的发挥，你思维活跃，想法天马行空，十分适合做广告创意的工作。”

疑问得到解答，赵敏服从了经理的安排。事实证明，经理的决定非常正确，赵敏的个性给广告部注入了很多灵感，使公司广告创意工作进行得异常顺利。而她自己也找到了自身的价值，并且很快得到了升职的机会。

穿衣风格体现了不同人性格的不同。事例中，经理十分了解两个人的性格，她们的穿衣方式提供了不少信息。可见，我们想要了解一个人的内心，先看看此人的穿衣风格就可以对其性格猜测个大概。

一般来说，喜欢穿简单朴素衣服的人，性格比较沉着、稳重，为人较真诚和热情。

喜欢穿华丽服装的人，大多自我表现欲特别强烈，有很强的虚荣心和金钱欲。

喜欢穿单一色调服装的人，多是比较正直、刚强的，理性思维要优于感性思维。

喜欢穿浅色便服的人，大多性格比较开朗，且喜欢结交朋友。

喜欢穿深色衣服的人，往往性格比较稳重，不太爱多说话，凡事深谋远虑，显得城府很深。他们常会有一些意外之举，让人琢磨不透。

喜欢穿式样繁杂、五颜六色、花里胡哨衣服的人，有可能虚荣心比较强，爱表现自己而又乐于炫耀。他们比较任性，甚至还有些飞扬跋扈，不听他人的意见，有独断专行的特点。

喜欢穿流行时装的人，最大的特点就是没有自己的主见，不明确自己有什么样的审美观。他们往往情绪不稳定，且无法安分守己。

喜欢根据自己的嗜好选择服装而不跟着流行走的人，大都独立性比较强，有果断的决策力。

喜爱穿同一款式衣服的人，性格大多比较直率和爽朗，他们有很强的自信，爱憎、是非、对错往往都分得很明确。他们的优点是做事不会犹豫不决，而是显得非常干脆和利落。但他们也有缺点，那就是清高自傲，自我意识比较浓重，常常自以为是。

喜爱宽松自然的打扮，不讲究剪裁合身、款式入时的衣着的人，大多比较内向，不善于和别人交往，不容易接近别人，也不易被人接近。

喜欢穿着正式套装的人，给人的第一感觉就是干练、稳重，但他们大都是传统保守而又执着的人。他们性格中有着根深蒂固的保守性，甚至会有些古板，言行举止也缺乏幽默感。不过这种人通常做事执着认真，一丝不苟，会给人留下沉稳、踏实的好印象。

喜欢经常改换衣服风格的人，以女性居多，这种人大多爱炫耀，爱张扬，喜欢挑剔；待人不够真诚，在做事上是个完美主义者。

喜欢穿紧身衣服的人，虽然喜欢穿有约束的衣服，但性格是很开放不拘的；他们最不愿意受约束，常怀有叛逆心理，但力量微弱，容易被世俗的势力打倒，想超脱又做不到。这种人做事比较干净利落，生活很检点；如果是女性的话，她们会很温柔，富有同情心。

留意小动作，背后藏玄机

常言道：“细微处泄天机。”生活中的小细节最能体现一个人的真实本性。人们日常的小动作是在长期的生活中无意识地形成的，因而带有明显的个性色彩。心理学研究表明，不经意的动作会在不同程度上泄露对方的真实想法，尤其是手部、腿部以及身体其他部位在不同场景、不同时刻的协调动作。你如果可以及时捕捉这些有效信息，就可以了解他人的真实意图，做到知己知彼，掌握交往的主动权。

1. 掰手指节

有些人习惯于把自己的手指掰得咯嗒咯嗒响，他们通常精力旺盛，非常健谈，喜欢钻“牛角尖”。这类人对事业、工作环境比较挑剔，如果是他们喜欢干的事，他们会不计任何代价而踏实努力地去干。

2. 咬指甲、吮手指或咬眼镜腿、铅笔等物品

这类人无论外表体态多么高大健壮，但在精神上还是非常幼稚的。他们性格内向，缺乏安全感，喜欢在白日梦中寻求安慰。他们我行我素，拒绝接受他人的忠告。之所以一再做出咬指甲之类的动作，是为了掩饰自己恶劣的情绪，如果掩饰不住，他们可能会突然变得歇斯底里，无法制止。

3. 咬牙切齿

这类人往往心胸狭窄，理智控制不住感情，容易意气用事。他们情绪变化无常，极不稳定。他们心地不见得不好，但是很少有人喜欢他们。

4. 用手摸后颈

当一个人用手摸后颈时，他很有可能是出现了懊恼、悔恨或害羞的心理情绪。这种人的性格多是比较内向的，遇到某些事情时，常会以一些动作来掩饰自己的情绪。

5. 抖动腿脚

有的人喜欢颤动腿或脚尖，有时候还会用脚尖磕打或者以脚掌拍打地面，这种人很会自我欣赏，性格较保守，很少去考虑别人。然而当朋友有困难时，他们会经常给朋友提出一些意想不到

的好建议。

6. 双臂合抱

双手往胸前一抱，这是个保护心脏的动作，构成了一道阻挡威胁或不利情形的有力屏障，可以防备对方攻击，并在必要的时候转守为攻。当一个人神经紧张、极度消极或充满敌意时，他就会很自然地把双手抱在胸前。缺乏自信心的人容易采用这种防御姿势，有时因为过分紧张或羞愧，也会用这个姿势来控制自己的情绪。总是把双手交叉着放在胸前的人，往往性格外强中干，自视甚高，目空一切，但缺乏底蕴。

7. 自然地解开外衣纽扣

在与人交谈交往中，自然地解开外衣的纽扣，或者干脆把外衣脱掉，从这一动作就可以看出这个人是非常真诚和友善的，说明他对交谈、交往的对象并没有持太多虚伪客套的礼节。至于那些一会儿把纽扣扣上，一会儿又解开的人，给人的感觉就不太舒服。这样的人多是意志不坚定的，做事优柔寡断，犹豫不决。

8. 抹嘴、捏鼻子

这类人大多喜欢捉弄别人，却又不能“敢作敢当”。他们的唯一爱好就是“哗众取宠”，眼见你气得咬牙切齿，他们却在那儿高兴得手舞足蹈。

9. 总是挤眉弄眼的人

这类人往往缺乏内涵修养，作风轻浮放任，在恋爱和婚姻方面容易喜新厌旧。在人际关系方面，尽管他们内心淡漠，略显高傲，但待人热情周到，处事大方，有很多不见得真正交心的朋友。

10. 死死地盯住别人

这类人的支配欲望往往特别强，不喜欢受约束，经常我行我素。但另一方面，他们比较慷慨，因此他们身边总是有一些相干或不相干的人围绕着。

11．经常触摸自己头发的人

这类人性格鲜明，个性突出，爱憎分明，疾恶如仇。他们具有一定的胆识和魄力，善于思考，做事细致，喜欢标新立异，去做一些别人不敢做的事。如果女性在男性面前不停地抚弄头发，那么她一定在期待着对方的抚慰或邀请；女性在独处时拨弄头发，则表明她希望能有所依赖。

12．用手指缠卷头发

这种动作大多属于女人，表示遇到了困难，无所适从，或者非常失望。而在这种情绪下，男人的动作往往是抓脑袋、搔头皮。

13．用力抓自己的头发

这种姿态通常是在悔恨或极度焦急时出现。从用力的大小和动作的幅度，可以看出一个人后悔和自责的程度。另外，这个姿态常常伴随着紧闭的眼睛，表示他正在努力做出决策。

14．经常摇头或点头

有的人经常“摇头”或“点头”，以表示自己对某件事情看法的肯定或否定。他们在社交场合很会表现自己，却时常遭到别人的厌恶，引起别人的不愉快。但是，经常摇头或点头的人，自我意识强烈，工作积极，看准了一件事情就会努力去做，不达目的誓不罢休。

15．拍打掌心者

这类人与人谈话时，只要他们动嘴，一定会有一个手部动作，比如双手相互拍打掌心、摊开双手、摆动手指等，表示对他们说话内容的强调。这类人做事果断、雷厉风行、自信心强，习惯于把自己在任何场合都塑造成“领袖”人物，性格大都属于外向型，很有一种强者的气派。

16．耸肩摊手

摊开双手，耸动肩膀，一般是表示自己无所谓，满不在乎。

习惯于这种动作的人大都为人热情，而且诚恳，富有想象力，会创造生活，也会享受生活。他们追求的最大幸福是生活和睦、舒畅。

17．拍打头部

拍打头部这个动作多数时候的意义是表示对某件事情突然有了新的认识，比如说刚才还陷入困境，现在则走出了迷雾，找到了处理事情的办法。拍打的部位如果是后脑勺，表明这类人敬业，拍打脑部只是为了放松一下自己。时常拍打前额的人则是直肠子，有什么说什么，不怕得罪人。

从口头禅中窥探对方的心思

“口头禅”是指一个人在有意或无意间时常讲的，也叫“口头语”的惯用语句。几乎所有的人都有口头禅。据说，奥巴马不管说什么，都要说个“恕我直言”；肯尼迪的女儿卡罗琳·肯尼迪则喜欢说“你知道”，有一次，卡罗琳接受《纽约时报》的采访，连续说了142个“你知道”。可见，不管贫富贵贱，文化水平高低，口头禅都会出现在每个人的嘴边。

通常，有的人有一个口头禅，但有的人也有好几个。这些语言习惯最能体现说话人的真实心理和个性特点，所以只要留心，就可以从一个人的口头禅中窥见一个人的内心世界。这就是俗话说的“闻其言可知其人”的道理。所以，在人际交往过程中,多从口头禅考察和了解对方，有助于我们准确把握对方的心性，做到知己知彼。

那么，常见的口头禅有哪些呢？它们分别代表了说话人怎样的心境呢？下面我们就进行归纳和总结。

1．经常使用“我个人的想法是……”“是不是……”“能不能……”的人这类人比较和蔼亲切，一般情况下能做到客观理智，会冷静地思考，认真地分析，然后做出正确的判断和决定。面对这类人，你也要表现出这种淡定，让对方感受到你的可亲可敬。

2. 经常说“随便”的人

这类人大多数性情随和，但也代表其在生活中比较没有主见。

3. 经常使用“果然”“其实”“确实如此”的人

这类人大多自以为是，强调个人主张，以自我为中心的倾向比较强烈，希望能引起别人的注意。他们大多比较任性和倔强，并且多少还有点自负。与这类人接触，要照顾到他们的感受，给他们应有的主动权和尊重。

4. 经常使用“这个”“那个”“啊”“呀”“嗯”“哦”的人

一般来说，这类人思维比较慢，反应较迟钝。他们讲话总是理不清自己的思路，言语不能顺畅地进行，说话时才会用停顿、缓和的语气词。有一些人爱用此类词并不是没主见，反而是胸有成竹、城府很深，只不过故意装出一副大智若愚的样子。或是因怕说错话，需要有间歇来思考。这类人的内心往往很孤独。

5. 经常使用“你应该”“你不能”“你必须”的人

这类人大多专制、固执、骄横，但对自己充满了自信，有强烈的领导欲望。

6. 经常使用“真的”“说实在的”“老实讲”“说白了”“的确是”“不骗你”的人

爱讲这类话的人，做事比较认真，生怕对方信不过自己，总爱强调自己的观点。这类人为人比较老实可靠，讲信用，是值得信赖的人。

7. 经常使用“绝对”“肯定”“一定是”的人

通常，这类人的性格比较武断，他们要么太缺乏自知之明，要么自知之明太强烈了。心理学研究表明，这类人往往比较主观，而且常常是以自我为中心的，他们的很多想法是不合乎实际情况的。他们大多有一种自爱的倾向，有时他们的“绝对”被他人驳倒之后，为了隐瞒自己内心的不安，总要找一些理由来加以解释，总想让自己的东西被人接受。

8. 经常使用“我早就知道了”“所以我不是说了嘛”的人

这类人有表现自己的强烈欲望，只能自己是主角。往往对他人缺少耐性，很难做一个合格的听众。

9. 经常使用“但是”“不过”的人

一般这类人的思考能力非常强。他们讲话时，脑子里还会浮现相对应的反驳话来自我求证，正所谓“头脑敏锐”“能言善辩”。但这类人有些任性，总是提出一个“但是”来为自己辩解。“但是”显示了他们温和的特点，显得委婉、没有断然的意味，是为了保护自己而使用的。从事公共关系的人常有这类口头语，因为这里面的委婉意味，不致令人有冷淡感。

10. 经常使用“所以说”“因此”的人

这类人最大的特点是喜欢以聪明者自居，自以为是。他们认为自己所说的话具有绝对的权威性，并有鄙视他人的心理。他们说话往往不顾及对方的心情，因此对方常会因为他们这种随意践踏他人的态度而受到伤害。但是如果多了解他们一些，你就会知道其实要和这类人相处并不困难。因为他们非常希望得到他人的认同，渴望自己在他人心目中的形象是“见识广博，什么都懂”，所以如果想和他们友好相处，只要在这一点上多忍耐，担待一些就行了。

11. 经常使用“我……”之类词汇的人

这类人经常寻找各种机会强调自己，以引起他人的注意。在沟通中，要给他们机会发表个人意见，并仔细倾听，让他们有被重视的感觉。

12. 经常使用“我只对你说过”的人

有的人常会说：“你可别对别人说哟，这话我只对你说过。”事实上他可能用同样的口气向其他人说过同样的话。换句话说，这类人心里有一股把某些秘密告诉任何人的冲动。这表明他觉得自己一人承担秘密负荷过重，因此想向他人泄露以减轻心理负担。而且这样的人具有一种希望向对方炫耀自己知悉他人所不知的秘密的心理倾向。

13. 经常使用专业词汇、高难度外语词汇的人

开口闭口就是艰深的专业词汇、高难度的外语单词的人，容易被当成有教养、有智慧、非常自信的人。但其实正好相反，这正是不自信的人常有的表现。这类人不愿意让人察觉他们没有自信，因而特意选用了一些高深的词汇，强烈希望被别人看成是知识分子，可以说是自卑感很强的那一类人。专门引用专业书籍内容的人，好像也没什么自己独特的见解。事实上，他们只是那种用语言遮掩自己弱点的人。他们这样做无非是想加强说话的分量，同时也想展示自己的见多识广，以抬高身份和扩大影响。

总之，若想通过口头禅更好地观察、了解和判断一个人的性格，需要在人际交往中仔细、认真地揣摩、分析，这样，才会收到良好的效果。

什么样的性格，选什么样的手表

手表自发明以来很长时间内其主要功能都是用于计时，但如今，手表不再仅仅是计时工具，也是很重要的装饰配件。一块好的手表会成为一个人着装的亮点，同时也可以衬托出他的品位。通常来说，不同性格的人会选择不同款式的手表，因此，从佩表也可窥探出来一个人的性格特征。

下面就针对这一点进行说明和介绍。

1．喜欢带新型电子表的人

这类人大多有与众不同的特别之处。他们一般具有强烈的独立意识，喜欢自由自在、无拘无束地去做自己想做并且也愿意去做的事情，从来不希望受到他人的约束和控制。他们很善于掩饰自己的真实情感，一般的人是不可能轻易走近、了解他们的。在他人看来，他们是非常神秘的，而他们自己也非常喜欢这种神秘感。

2．喜欢戴古典金表的人

这类人一般心思缜密、头脑灵活，往往有很好的预见力。他们多是具有发展眼光和长远打算的人，为了眼前一些既得的利益而放弃一些更有发展前途的事业，绝不是这种人会做的事。他们有坚强的意志力，从来不会轻易向外界的一些困难和压力低头。他们成熟、老练，而且思想境界比较高，凡事都能看得清楚、透彻。他们有宽容的心和忍耐力，又很重义气，能够与家人朋友同甘共苦，生死与共。因为古典金表的价格很高，所以如果一个人佩戴这种手表的话，他的身价也往往很高。

3．喜欢戴上发条表的人

这类人一般独立意识比较强。他们自给自足，很多事情都坚持要自己动手，求胜心理十分强烈，乐于做那些可以立竿见影的工作。他们很看重自己所获得的成就感，但在这个过程中，他们不希望不劳而获，认为这样反而没有了意义和价值。他们并不希望得到他人过多的关心和宠爱。

4．喜欢戴闹钟型手表的人

这类人大多习惯于按一定的规律和规定办事，他们在争取成功的过程中，对任何一件事都是以相当直接而又有计划的方式完成的。他们大多对自己的要求比较严格，总是把神经绷得紧紧的，一刻也不肯放松。这一类型的人很有责任心，有时候会刻意地培养和锻炼自己在这一方面的能力。除此以外，他们具有一定的组织技巧和领导才干。

5. 喜欢戴怀表的人

这类人一般性格沉稳，老成持重，自控能力很强，他们即使生活忙忙碌碌，仍然保持着生活的规律性，懂得如何在有限的时间里放松自己。他们善于控制和把握自己，适应能力比较强，能够很好地调整自己的心态。他们怀旧心理很强，乐于收集一些以往用过的东西。他们言谈举止高雅，有一定的文化修养。他们有比较浓厚的浪漫思想，常会制造一些出人意料的惊喜。他们为人处世有耐心，很在乎人与人之间的友情。

6. 喜欢液晶显示屏手表的人

这类人大多知道如何精打细算地过日子，属于比较节俭的类型。而且他们的思维比较单纯，对各种简洁方便的事物比较热衷，对于太抽象的概念则难以理解。他们在为人处世方面，一般持比较认真和严谨的态度，不会给人特别随便的感觉，是比较正统的人。

7. 喜欢样式奇特的手表的人

这类人一般以年轻人居多，他们的手表款式新颖，有如手镯样式在中间镶嵌上一块表盘的，有如戒指般戴在手指上的等。他们大多是为了搭配自己风格独特的服饰而佩戴手表的。这种人一般很在乎他们在别人心中的形象和地位，他们重视外表，爱慕虚荣，总是大肆渲染自己，以吸引别人的注意。

8. 喜欢戴由设计师特别为自己设计的手表的人

这类人大都是非常在乎自己在他人心目中的形象和地位的人，甚至可以为了迎合他人而改变自己。为了证明和表现自己，他们时常会对一些小事进行大肆地渲染，把一些事情说得很夸张。

9. 不喜欢戴手表的人

这类人大多有比较独立自主的个性，他们不会轻易被他人支配，而只喜欢做自己想做并且也愿意去做的事情。他们的随机应变能力比较强，能够及时地想出应对的策略，而且非常乐于与人结识和交往。

总之，手表不仅仅可以看时间，还能看出佩戴手表的人的性格特征。所以，要了解一个人的内心世界，观察他所戴的手表也不失为一种好方法。

兴趣爱好，流露真性情

日常生活中，每个人都拥有各自不同的兴趣爱好，而这些不同的兴趣爱好，正好反映出每个人的性格。兴趣是人愉悦心灵，享受人生的最重要方式，很少有人会对自己的兴趣作假。所以，了解一个人的兴趣爱好，你就能触摸到他心灵的感性层面，得到更多真实而生活化的信息，和对方谈话时也会有更多的话题，进而更加了解对方。

1．喜欢阅读的人

这类人大多有很强的创造力和想象力，很有自己的想法。他们兴趣广泛，通常能够超越自己的经验来计划某些事情，扩展自己的生活领域。

2．喜欢乐器的人

这类人大多性情中感性成分比较多，他们的敏感度特别高，总是能够在不经意间捕捉到一些好的或坏的感觉，这为他们带来快乐的同时也带来了苦恼。他们的性格并不是特别的坚强，而是相对比较脆弱，有的简直是不堪一击。他们希望得到他人的关心和爱护，却并不一定能够去关心和爱护他人。

3．喜欢集邮的人

这类人善于通过自我调节来平复自己的情绪。在发生某些事情使他们的心情很不平静的时候，他们总是能够进行自我开导，将麻烦事先放在一旁，然后等心情平复以后，再来处理。他们大多是非常爱面子的人，在大多数情况下，他们不知道怎样拒绝别人，因此会无端地增加许多烦恼。

4. 喜欢旅行的人

这类人大多属于外向型，他们的好奇心往往特别强烈，而且好动，他们需要一些富于变化、带有刺激性的东西来满足自己。这类人的人际关系比较好，而且由于经常旅游，见识的事物比较多，增长了他们的知识和阅历，他们在人群中的形象会自然而然提高。

5. 喜欢游泳的人

这类人大多积极阳光，他们活力四射、不知疲倦，而且崇尚自由、为人正派。

6. 喜欢极限运动的人

他们性格坚强固执，一旦决定要做一件事情，就不会轻易地改变，其中无论遭遇到多大的困难，都会坚持到底。与他们健壮的外表不太相符的是他们的心思非常缜密，他们做事情总是非常小心，会把一件事情进行过程中可能出现的问题全部仔细考虑清楚，再做出决策。

7. 喜欢模型的人

这类人的自我意识非常淡薄，他们总是对许多事情感到无所适从，因此往往更乐意听命于他人的领导和安排。他们缺乏必要的冒险精神，凡事把安全保险放在第一位。在困难面前，他们总是非常需要别人的指导和帮助。

8. 喜欢写作的人

这类人思考能力非常强，为人特别谨慎小心，喜欢把自己的想法写出来，这样可以更方便把自己的思路理清，而且他们有自己独特的见解和想法。

9. 喜欢跳舞的人

这类人大多性格开朗，爱表现自己，很有自信，一般都比较擅长交际。他们在生活中也很有进取心，有锲而不舍的坚持精神。他们貌似不惧怕生活中的任何苦难，凡事总是以笑相迎，甚至很少见他们哭过。这并不是说他们不会失落与伤痛，而是他们的心态足够强大。

10．喜欢画画的人

这类人的表现欲相对比较强，他们希望能够有更多的人注意到自己。另外，他们的自我意识也比较浓烈，并不是十分在乎别人对自己的看法，而喜欢我行我素。他们的行为在很多时候是非常古怪的。他们做事喜欢为自己着想，而很少考虑别人的意见和感觉。他们相对独立，而且任性固执，只愿意自己定规矩，自己遵守，而不愿意遵守别人制定好的规章制度。

11．喜欢表演的人

这类人情感是相当细腻的，希望能够尝试不同的角色，体验不同的生活。除此之外，他们的想象力特别丰富，这样他们才能把不同的角色揣摩到位，表演逼真。情感敏锐、细腻，但是这一类型的人，有些富于幻想而不切合实际。

12．喜欢园艺的人

这类人凡事都追求一个循序渐进的过程，然后再让其水到渠成。他们有一定的责任感，能对某个人或某件事情负责。他们的心里往往会有一些欲望，为了使这种欲望变成现实，他们会非常努力地工作，然后在付出得到回报以后，好好地享受自己劳动的成果。

13．喜欢木工制品的人

这类人的动手能力比较强，凡事都希望能够自己解决，而不依赖别人。他们的自尊心比较强，依靠别人会使他们的自尊心受到伤害。他们多怀有强烈的自信，坚信自己会成功。他们对于新事物的接收能力比较快，敢于冒险，敢于进行探索和尝试。

14．喜欢手工艺品和刺绣的人

这类人大多是热情而富有爱心的，有很强烈的责任感，能够对每一个人和每一件事情负责。他们的生活态度是积极乐观的，但不会放纵自己。在任何时候他们都知道自己应该做什么，不应该做什么。他们的自信心很强，经常会为自己所取得的成就而暗自陶醉，从中获得成就感和满足感。

15. 喜欢钓鱼的人

这类人在做事的时候比较重视过程。他们在做的过程中能够体会到许多的快乐和自我价值的肯定，但是对于结果的成败，则显得有些无所谓。他们信奉的人生信条就是努力做了就无愧于心。他们在平时显得比较散漫，看样子有些不在状态上，但如果有事情发生，他们常常能够以最快的速度调整自己，积极地投入其中。他们大多有很强的耐性。

16. 喜欢烹饪的人

这类人不甘寂寞、讨厌单调平庸的生活，总是要想方设法地使自己的生活中多些激情和色彩。他们的创造力和想象力非常强，他们对待人生、未来总是有着很高的理想和目标，并会为此不断地付出常人难以想象的努力。

17. 喜欢郊游露营的人

这类人对生活充满希望，同时又厌倦了城市的喧嚷，希望有一个安静的、纯净的地方可以让自己的脚步停下来歇一歇。另一方面，在郊游露营时难免遇到很多意想不到的意外或际遇，比如，一场猛烈的风雨，一次销魂的艳遇。这也从侧面反映出这一类人骨子里有一股不安于现状，追求新奇和刺激的天性。

18. 喜欢打猎的人

这类人的性格多是比较粗犷和豪爽的，非常讲义气，凡事不会与人计较。他们深知社会现实是适者生存，优胜劣汰，因此会努力使自己成为强者，因为只有这样才能更好地生存下去。他们有一定的勇气和胆识，许多事情都是敢作敢当，可称得上是顶天立地的人。

19. 喜欢搜集的人

这类人比较喜欢搜集一些乱七八糟的东西，如啤酒瓶子、盘子等，他们大多是进取心比较强烈的，在大多数时候都显得相当忙碌，好像总有许多做不完的事情。他们的怀旧情结比较浓厚，从这一点可以看出他们是非常重感情的人。他们不会过分地放纵自己，而且懂得节俭，欲望不是特别强烈，在很多时候比较容易满足现状。他们有很强的自信心，会为自己所取得的成就而感到骄傲和自豪。

总之，人们的爱好都是为了一种“趣”，观察兴趣爱好，就是观察什么样的事物最能让他们开怀。把握了这种现象的本质，你就懂得了兴趣背后的真相，如此，你会更了解他们的为人和内在追求，也更明白应该谈论什么，如何谈论，能让他们志趣盎然。

因人而异，与不同性格的人相处

世界上的事物千差万别，人也如此。每个人都有区别于他人的地方，主要在于个性方面的差异。有的人活泼、外向，有的人冷静、内向；有的人热情外露，有的人含蓄内敛；有的人乐观进取、刚强勇敢，有的人悲观失望、软弱怯懦；有的人喜怒无常、脾气暴躁，有的人果断坚毅、深思熟虑；等等。面对不同的个体，只有采取正确的方式对待和相处，才能形成良好的人际关系。

徐文远是名门之后，他幼年跟随父亲被抓到了长安，那时候生活十分困难，难以自给。他勤奋好学，通读经书，后来官居隋朝的国子博士，越王杨侗还请他担任祭酒一职。隋朝末年，洛阳一带发生了饥荒，徐文远只好外出打柴维持生计，凑巧碰上李密，于是被李密请进了自己的军中。李密曾是徐文远的学生，他请徐文远坐在朝南的上座，自己则率领手下兵士向他参拜行礼，请求他为自己效力。徐文远对李密说：“如果将军你决心效仿伊尹、霍光，在危险之际辅佐皇室，那我虽然年迈，仍然希望能为你尽心尽力；但如果你要学王莽、董卓，在皇室遭遇危难的时刻，趁机篡位夺权，那我这个年迈体衰之人就不能帮你什么了。”李密答谢说：“我谨听您的教诲。”

后来李密战败，徐文远归附了王世充。王世充也曾是徐文远的学生，他见到徐文远十分高兴，赐给他锦衣玉食。徐文远每次见到王世充，总要十分谦恭地对他行礼。有人问他：“听说您对李密十分倨傲，对王世充却恭敬万分，这是为什么呢？”徐文远回答说：“李密是个谦谦君子，所以像郦生对待刘邦那样用狂傲的方式对待他，他也能够接受；王世充却是个阴险小人，即使是老朋友也可能会被他杀死，所以我必须小心谨慎地与他相处。我察看时机而采取相应的对策，难道不应该如此吗？”等到王世充也归顺唐朝后，徐文远又被任命为国子博士，很受唐太宗李世民的重用。

徐文远之所以能在隋唐之际的乱世保全自己，屡被重用，就是因为他能看透人心，针对不同的人有不同的应对之法。

有句俗话说：“人上一百，形形色色。”人各有其情，各有其性。在人际交往中，说话办事方式要因人而异，符合接受对象的脾气性格，才有可能产生“同声相应，同气相求”的效果。下面，我们来具体了解一下。

1. 固执己见的人

这类人往往是我行我素，对人冷若冰霜。他们的兴趣和爱好比较少，也不太爱和别人沟通。但是，他们还是会有自己追求和关心的事，只是别人不太了解而已。所以，在与这类人打交道时，不仅不能冷淡，反而应该花些功夫仔细观察，注意他们的一举一动，从他们的言行中，寻找出他们真正关心的事来，一旦你触及他们所热心的话题，对方很可能会马上一扫往常那种死板的表情，而表现出相当大的热情。

2. 傲慢无礼的人

这类人一般以自我为中心，自高自大，常摆出一副盛气凌人、唯我独尊的架势，缺乏自知之明。和这类人打交道或共事，你千万不要低三下四，也不要以傲抗傲，你只需长话短说，把需要交代的事情简明交代完就行。如果是求他们办事，那就另当别论了。

3. 深藏不露的人

这类人自我防卫心理特强，生怕你窥视出他们内心的秘密，其实，这是一种非常自卑的表现。你想了解他们的为人和心理，不妨和他们坐在一起多喝几次酒，让他们酒后吐真言。

4. 草率决断的人

这类人乍看起来反应敏捷，但常常在交涉进行到高潮时，忽然做出决断，缺乏深谋远虑，容易做出错误判断。和他相处最好的方式就是经常给他们泼泼冷水，让他们保持清醒的头脑，切莫感情用事草率做决定。

5. 沉默寡言的人

这类人一般性格内向，不善交际与言辞。但这并不代表他们没话说。和他们共处，你需要把谈话节奏放慢，多挖掘轻快话题。一旦谈到他们擅长或感兴趣的事，他们马上会“解冻”，滔滔不绝地向你倾诉起来。

6. 自私自利的人

这类人一般缺少关爱，心里比较孤独。他们永远把自己和自己的利益放在第一位。如果你要他们做些于己不利的事，那你便难于和他们沟通了。和这种人相处，你必须从心灵上关注他们，让他们感受情感的温暖和可贵。

7. 生活散漫的人

这类人缺乏理想和积极上进的心，在生活中比较懒惰，工作上缺乏激情。和这类人相处，你必须用激将法把他们的斗志给挖掘出来。

8. 性格古怪的人

这类人多半是天生的，有很大的遗传因素在里边，但他们不势利，也不愿与人同流合污。你可能会莫名其妙地与他们“遭遇”冲突，但不要记恨他们。他们一般是事情过去了也就算了，会仍然像从前一样对你，所以，你不要企图去改变人家什么，当然，人家也不想改变你什么。对于这种人，注意不要做过深的交往，也不能对他们有过激的行为和语言。

9. 争胜逞强的人

这类人狂妄自大，自我炫耀，自我表现欲望非常强烈，总是力求证明自己比别人强。当遇到竞争对手时，他们总是想方设法地挤对人，不择手段地打击人，力求在各方面占上风。有些人为了不伤交往中的和气，往往事事处处迁就和忍让这类人，殊不知，有些争胜逞强的人并不理解别人的谦让，还以为自己真的了不起，由此而变本加厉。对这样的人不能一味迁就，而有必要在适当的时候，以适当的方式打击一下他们的傲气，使他们知道天外有天，山外有山。

第四章

多交一些良师益友，可以让你少走弯路

良师益友，多结交导师型朋友

对二十几岁的年轻人来说，生活中有迷茫、有失落、有惶恐、有懦弱，还可能经常看不到未来的方向，也不知道自己想要什么、会什么，更想不清自己未来想成为什么样的人。此时，如果有个人能拉你一把，给你适当的指引，让你看到光和希望，那么这个人就是你人生的导师。

导师是我们成长道路上的指路人。在我们的成长过程中，往往会遇到十字路口，把握不住前进的方向，而导师就是给我们引导和指明发展方向的人。

好的导师会引导你、点醒你，就像一个指南针一样，指明你以后的发展方向。在人生道路上，如果你能得到导师的指点和帮助，就能少走不少弯路。

生活中不乏这样的例子：有的人尽管竭尽平生之力，但在事业上仍然一筹莫展。一个偶然的机会，或是朋友的一句话，却使他茅塞顿开。真是所谓“与君一席话，胜读十年书”。这种导师型的朋友常为困境中的友人指点光明之所在，常为在事业上做最后冲刺的友人送去呐喊和力量。

罗曼·罗兰22岁时，总觉得自己有从事文学艺术创作的素质，倾向于选择文学作为自己的事业，可是照世俗的理解，文学又有什么用处呢？于是他决定给文学大师托尔斯泰写封信，寻求指点。

在写这封信时，他是抱着试一试的想法，做好了收不到回信的准备。没想到几个星期以后，他收到了托尔斯泰长达38页的亲笔回信。在信中，托尔斯泰向这位从未谋面的异国青年，谈了选择个人道路的原则。他热情地鼓舞罗曼·罗兰，指出："搞文学艺术，非要明确为人类不可！不要说谎，不要害怕真理。"罗曼·罗兰感到这封信像一扇开向无穷宇宙的门，给了他一种生活的启示。

这封信使罗曼·罗兰下定决心从事文学事业，终于成为世界著名作家，并荣获诺贝尔文学奖。

托尔斯泰是罗曼·罗兰成功之路上的一位导师，可以想象，如果没有这位导师的鼓励和指引，可能就不会有罗兰日后的成就，不会有闻名世界的伟大作品《约翰·克利斯朵夫》。

找到自己的良师益友，是人生的一大幸事。他们的经验分享或提点，可以让我们的路走得更加顺利。

人生之路充满坎坷，当你遭遇挫折时，你会感到茫然无措，失去信心和希望。这时，导师型朋友会想办法扶你一把，协助你走上成功之路。

人的成长始终是以传帮带的形式进行，无论在人生的哪个阶段，人都需要外在力量予以引导、帮助，才能最为有效地激发内在的潜能，也才能保证所走的路径向着代表着希望和成功的方向延伸。而导师恰恰可以在你束手无策的时候用他们的智慧给你指点迷津，好让你有多一些角度思考问题，而不是在原地苦思冥想。

每个人的人生都需要导师。对年轻人来说，导师型朋友不一定是你的师长，但他们一定会在某些领域具有丰富的经验，能经常在事业、家庭、人际交往等方面给你提供许多建议。在人生中，这种朋友会成为你最大的心理支柱，也常常会成为能够“左右”你的“偶像”，他们会不断激励你，让你看到自己的优点。

导师对于你的帮助将是十分巨大的，好的导师可以让你的人生道路更远更平坦。在人类的历史长河中，我们会发现，几乎所有杰出的人，在其成长的历程中，都能够找到有名师指引的记载，这种指引使他们度过了人生的彷徨迷茫时期，能够正确处理困扰自己的人生难题，从而使他们挣脱了羁绊，踏上了成功的坦途。

曾国藩的背后就有许多良师益友，这些才智之士为他的发展指明了道路。

曾国藩在道光十八年考中进士后，“有效法前贤澄清天下之志”。为了实现这个志向，他一方面孜孜于学问，一方面广泛结交良师益友，向师友学习。他深知学问事业受师友的影响很大，因此对于访师择友，极为留心。从道光二十年到咸丰二年，曾国藩在京师任职，这期间，他结交了一大批师友。比如他在家书中几次提到的“见道极精当平实”的窦兰泉，“格物工夫颇深，一事一物皆求其理”的吴竹如，“极为虚心”的冯树堂，等等。而对他影响最大的，是太常寺卿唐鉴和大学士倭仁。

唐鉴是当时的大理学家，他教曾国藩敦品治学，当以《朱子全书》为依据，要在“静”字上下功夫。师事唐鉴，使曾国藩学有方向。他在致同乡前辈贺长龄的信中说：“我最初治学不知根本，循声逐响而已。自从认识了唐镜海先生，才从他那里窥见一点学问的门径。”唐镜海即唐鉴。

倭仁是曾国藩以友事之的另一个大理学家。他用功最笃实，每天的言行都有札记，见过自讼，一点都不客气。这种方式对修身大有益处。因此曾国藩也开始记日记，和倭仁一样，反省自励的文字很多。

结交了这些师友，对曾国藩的学问修养有极大的帮助，也为他最终成功打下了基础。

鲁迅和他的日本老师藤野先生也有这样一段佳话。鲁迅早年留学日本，受到藤野先生的关怀和器重，他们师生俩建立了真挚的友谊。

后来鲁迅虽然离开了仙台，可一直对藤野先生难以忘怀。分别后，鲁迅把藤野先生的照片一直挂在他北京寓所的东墙上，书桌的对面。“每当夜间疲倦，正想偷懒时，仰面在灯光中瞥见他黑瘦的面貌，似乎正要说出抑扬顿挫的话来，便使我忽又良心发现，而且增加勇气了”。藤野先生成了鲁迅终身的良师。

法国两位著名的文学家福楼拜与莫泊桑是师生，也是很好的朋友。莫泊桑的《羊脂球》出版才一周，他的另一部诗集也问世了，他在扉页上有这样两行献辞：“献给福楼拜，我衷心挚爱的杰出的慈父般的朋友；我最最敬慕的无可挑剔的导师。”

以上这些名人的故事为导师型朋友的作用提供了历史的见证。年轻人应以前人为榜样，在学习、工作和生活中，积极寻找自己的良师益友。

导师是指路的明灯，会陪伴你开启全新的人生旅程。在不同的人生阶段，如果都能遇上好导师，那么你的人生将会与众不同。导师相对于当时的自己的引路人，一般都具有一定的前瞻性，可以督促、引导自己，同时帮助你规划一个完美的学习或职业生涯，使你能在相应的人生阶段少走弯路，加速你取得相应成就的步伐。

导师型朋友是我们生活中不可或缺的重要外部助力。他会在你忧愁时给予安慰，在你需要帮助时伸出一双援助之手。每个人都有困难和烦恼，一旦靠自己的力量难以化解时，这类朋友总能最及时、最认真地考虑你的问题，给你最适当的建议。在你面对选择而焦虑、困惑时，你不妨找他们聊一聊，或许能帮助你更好地理顺情绪，了解自己，明确方向。

知己难求，多结交志同道合的朋友

现代人的生活越来越现实，每个人都有一些不能也不愿和家人、同事，甚至爱人倾诉的话，藏在心灵深处。所以，每个人都需要知己，得意时可以和他一起分享快乐，失意时他是自己最忠实的倾诉对象。

鲁迅先生说：“人生得一知己足矣。”何为知己？即知心朋友。一个人可以有很多朋友，但知心朋友不会很多，所以有人感慨：“朋友易得，知己难求。”或许你从者如云，一呼百应，但未必有一个知己；或许你高朋满座，珠玑妙语，但知己不是虚位以待就能得来的；或许你在亲情的环绕下，有人嘘寒问暖，但他们不一定真懂你；或许你佳人携手，共度良宵，但爱人不一定能解人意。“高山流水”的典故就体现着千百年来人们对这种情谊的渴求。

春秋战国时期，有个叫俞伯牙的人，在晋国担任上大夫官职。他奉晋国国君之命，在楚国完成出使任务后，乘官船顺长江而下，准备逆汉江而上返回晋国。八月十五中秋之夜，他正途经汉阳马鞍山时，突下大雨，俞伯牙于是将船停靠在山崖之下。不久雨过天晴，风平浪静，一轮明月悬空，他欣赏着雨后的江水山色，一时雅兴大发，拿出瑶琴弹奏起来。

正弹到得意时，突然有根琴弦断掉，俞伯牙知道有人在偷听，便派人搜寻，发现有个打柴的樵夫，正在岩石后侧耳倾听琴声。俞伯牙问他："你是一个山野打柴的樵夫，却在这里偷听，你懂得琴音吗？"樵夫说："打柴之余，我也弹一弹琴自娱自乐。对于乐理，也略知一二，你刚才弹的是孔子叹颜回的琴曲。"俞伯牙闻言大喜，就把他请到船上，俞伯牙询问了瑶琴的由来和发展历史，樵夫都对答如流。俞伯牙说道："我现在再来弹琴，看你能不能知道我心中所想？"于是他弹奏了一首赞美高山的曲子，樵夫说："弹得好，我想到了高山。"俞伯牙又弹奏了一首赞美流水的曲子，樵夫说："确实弹得好，我想到了流水。"俞伯牙非常激动，说："我弹的琴曲之前没有哪一个人能够知道是什么内容，你能听得懂弦外之音，失敬得很，你真是我的知音。"于是，他急忙起身，拉着樵夫的手一起进船舱内长谈。

他们彼此介绍了自己的身世，原来樵夫名叫钟子期。他的祖父钟建，是楚昭王的乐师，在战乱中，钟建曾背着楚昭王的妹妹逃出楚宫，楚昭王便把妹妹许配给他为妻。后因受到陷害钟建就隐居到了汉阳，所以由于家传的原因，钟子期也懂得音律。俞伯牙和他越谈越亲近，十分融洽，两人结拜为兄弟，生死不渝。临别时两人约定，第二年的中秋，俞伯牙再来与钟子期相会。

俞伯牙第二年如期来到汉阳，谁知钟子期已因病去世。俞伯牙悲伤万分，来到钟子期的墓前，取出瑶琴，又弹奏了一曲《高山流水》来祭奠钟子期，寄托哀思。祭奠完毕，俞伯牙长叹不已，他哀叹钟子期再难相见，自己失去了知音。于是，他将瑶琴琴弦用刀割断，双手举琴往祭石台猛力一摔，摔断瑶琴，发誓终身不再弹琴，以谢知音。

茫茫人海，找一个朋友容易，找一个知音或知己却很难。知己是和我们同心合契、共创奇迹的那个人，也是同我们和谐相处、分享成果的那个人。

俗话说："物以类聚，人以群分。"知己之间的情感都是建立在共同的情趣爱好上的。拥有共同兴趣爱好的人，往往更容易亲近，关系也会变得更为紧密，毕竟志同则道合，拥有共同爱好等于为双方的感情上了一道保险杠。正因为如此，为了确保友情能够更加巩固，我们应该寻找一些共同爱好，这样可以为友情锦上添花。

春秋时期的左伯桃有"治世之才"，但未被社会发现。他满怀抱负，却无处施展，听说楚王在招贤纳士，便奔赴楚国。当时正赶上隆冬风雪连天，在旅途中他不得不向人求宿。主人是一位深谋远虑的隐士——羊角哀。二人一见如故，交谈至深夜，最后抵足而眠。他们决定同奔楚国谋事。不幸的是，路途中赶上大雪弥漫，寒风呼号，他们行进得很艰难，而且所穿衣服很单薄，携带的干粮又快吃完了。为了保证一个人成功，左伯桃拒绝吃饭并把衣服脱下披到羊角哀身上，逼他独自去楚国。羊角哀也把衣服脱下给左伯桃。二人争着自我牺牲，成全对方。此时左伯桃因过分饥寒，逐渐支持不住，气绝而亡。羊角哀悲痛欲绝，用雪土埋了朋友的尸体，赶向楚国去完成朋友的遗愿。

羊角哀和左伯桃堪称一对知己，他们互认知己的根据便是志趣相同和思想共鸣。事实证明，在志同道合的基础上建立起来的友谊，是万古长青的，经得起任何考验。为共同的事业、目标一起奋斗的知己伙伴，彼此之间有共同的追求。这种友谊，是工作顺利时的快乐分享，是患难与共时的相依相偎，更是遭遇绝境时的鼎力相助。

知己之间只有情投，才能意合。知己需要在思想上互吐心曲，互相信赖；在工作中相互支持，密切协同；在生活中互相关照，知冷知热。如果没有这种精神上的协调一致，即使时时相伴左右也是面和心不和，难以深交。

知己对每个人的成长都具有十分重要的作用。在现代社会中，我们大都渴望能有自己的知心朋友。但知心朋友是可遇而不可求的。漫漫人生中，能与知心朋友相遇，是我们的福分与幸运。当你找到自己的知心朋友时，一定要珍惜这份来之不易的友情。

知己好友在我们的人际关系当中处在非常重要的位置，他们跟一般性的朋友不同，有时，甚至会比我们自己更了解我们。而且，知己之间还能在有难时互相依靠，有快乐时一起分享。那么，什么样的朋友才算是知己好友呢？

第一，同志之道。在一起生活、学习时间较长的同学，必然会因相互了解的日益加深和志趣、追求、爱好等方面的相近或兼容而建立起一种较特殊的关系，这就是一种建立在“志同道合”基础上的友谊。

第二，规过劝善。规过劝善是朋友的重要价值。双方都能够批评和自我批评，有错误相互纠正谅解，彼此共同改掉毛病或缺点，互相学习勉励，共同发展，这就是真正朋友。但规过劝善，要有一定的尺度，否则会影响友谊。

第三，患难与共。朋友之间分享快乐是很容易的，但要找到愿意一起承受苦难的朋友就不是很容易了，所以“有福同享，有难共担”是知己的又一特征。现实中许多人的知己就是在共同的命运和战斗历程中获得的。

总之，在人生的道路上，我们一定要多结交几个知己好友，这会让我们的生活更加丰富多彩。

深交挚友，为你的人生添彩

挚友是人一生中不可或缺的一种朋友。所谓挚友，指的是交情深厚的朋友。真正能够荣辱与共、生死相托的，真正能够道义相抵、过失相规的，真正能够处变不惊、福至不散的，才可称得上是挚友。

马克思和恩格斯的友谊被誉为“友谊的典范”。

1842年，马克思在德国认识了恩格斯，共同的信仰使彼此把对方看得比自己都重要。1844年在巴黎相聚的那些日子，马克思和恩格斯彼此都给对方以高度评价，作为思想家来说，两人相得益彰，彼此以各自专门研究领域中的知识相互帮助、促进。更使他们感到由衷高兴的是，彼此在一切理论问题上意见完全一致，是一对志同道合的战友。这次会晤后，两人就开始了几十年的毕生创造性的合作，结成了牢不可破的友谊联盟。正如列宁后来所说："古老的传说中有各种非常动人的友谊的故事。欧洲无产阶级可以说，它的科学是由两位学者和战士创造的，他们的关系超过了古人关于人类友谊的一切最动人的传说。"

1854年春，恩格斯最后一次打算抛弃商业，到伦敦来从事写作，然而那时的他又决定长期忍受那可恨的束缚以援助他的朋友马克思，只有在这种情况下，恩格斯才能实行这样的牺牲而为马克思所接受。这献与和接受是出于同等高尚的无我精神。

恩格斯在经济上对马克思的支援，只不过是他帮助这位挚友的方式之一而已。此外，在马克思的很多论文中，有一大部分内容是出于恩格斯的手笔，而且在为《纽约每日论坛报》撰稿工作的头两年中，马克思写的手稿几乎毫无例外地是由恩格斯译成英文的。这些文章多半都以马克思的名义发表，而恩格斯从来没有署过名。为了及时完成翻译或撰写一篇文章，恩格斯常常工作到深夜，以便马克思可以按时交稿，让稿件赶上每周一次或两次从利物浦开往美国的邮轮。

分居两地给马克思和恩格斯之间频繁的思想交流和精神交往带来了很多困难。尽管伦敦和曼彻斯特相隔不过大约八个钟头火车的路程，写的信当晚付邮，多半第二天上午就可收到。但对于多年以来就惯于天天晤面，共同在一起生活、工作和斗争的两位战友来说，书信毕竟是贫乏可怜的替代品。然而这一友谊联盟丝毫未受山水相隔的损害，相反的是，在随后的20年间更为增强了。

两位朋友在一个星期内不曾通信的情况是少有的。曼彻斯特与伦敦之间的书信往来有时是一天一封或一天数封。有一次通信中断，马克思不能理解事情的原因时，就忧心忡忡地立刻写信询问说：“亲爱的恩格斯：你是在哭还是在笑？是在睡觉还是醒着？最近三个星期，我往曼彻斯特寄了各种各样的信，却没有收到一封回信。”

一切使他们焦急不安的事情，必须商量解决的事情以及必须加以深思熟虑的事情，从穷困生活中的日常琐事到思想中最大胆的飞翔，全部在这些书信中反映出来。在两人的生活和思想上，没有一个领域不曾在书信中谈及。因而这些书信无论在撰写传记还是在理论上都是头等重要的历史文献，成了他们的伟大人格和友谊联盟的一面镜子，成了他们的科学遗产的宝库。

一个人不能选择自己的父母，却可以选择自己的朋友。我们选择的朋友应该符合自己事业、学习和生活的需要。如果一个年轻人能交上挚友，那么他的生活热情和思想境界也会大大提高。

挚友，不是你什么都拥有时围在你身边的人，而是，当你一无所有后还在你身边的人。当你需要帮助的时候，你只说一句，他就能明白，并尽自己所能去助你，他不会需要你做什么，也不求你能回报他什么。当你感到失落的时候，他会安慰你；当你落魄的时候，他会默默地给你最大限度的支持；当你取得成就、获得成功的时候，他会祝福你。

在挚友那里，可以得到最诚恳的帮助。同样，在挚友那里，也可以得到最诚恳的批评。奥斯特洛夫斯基说：“所谓友谊，这首先是诚恳，是批评同志的错误。”交挚友是正确选择朋友的一个重要原则。诗经上“如切如磋，如琢如磨”的诗句，就是指朋友之间要互相帮助、互相批评。“人非圣贤，孰能无过”，有了错误，能有朋友及时指出来以帮助改正，或是打打预防针以防患于未然，这实在是人生的一大幸事。

萧伯纳凭借出众的才华和言语的幽默赢得了很多人的尊敬与仰慕。在别人的赞叹声中他开始自大起来，喜欢展露才华，说话也尖酸刻薄。

后来，一位老朋友私下对他说："你现在常常出言幽人之默，非常风趣可喜，但是大家都觉得，如果你不在场，他们会更快乐，因为他们比不上你，有你在，大家便不敢开口了。你的才华确实比他们略胜一筹，但这么一来，朋友将逐渐离开你，这对你又有什么益处呢？"老朋友的这番话，使萧伯纳如梦初醒，他感到如果不收敛锋芒，彻底改过，社会将不再接纳他，又何止是失去朋友呢？所以他下定决心，从此以后，再也不讲尖酸刻薄的话了，要把天才发挥在文学上，这一转变造就了他后来在文坛上的崇高地位。

挚友就是在朋友间敢于直陈人过、积极开展批评的人，他们像一面镜子，能照出你脸上的尘土和污点。很多时候，挚友的批评都是"看似无情却有情"的，横眉冷对和恶言相向的背后是他们的真诚忠告和良苦用心。

挚友是紧缺资源，值得每一个人好好珍惜，人生难得一挚友。当体会到不远处有这样一位真正的朋友默默关注着自己，不时敲打自己的时候，每个人的内心都会涌起一股温馨和暖意。

挚友是人生的一剂良药，只有乐于结交挚友的人，才能改正错误、避免失误，不断取得进步。

对二十几岁的年轻人来说，拥有挚友是生命的幸运和福气。挚友是真正的朋友，他们对你直言不讳、肝胆相照，因为只有真正的朋友才会真诚地关心你，为你的失误痛心；也只有真正的朋友才会直言指出你的盲区和瑕疵，希望你进步、成功。所以，年轻人一定要多结交挚友。

结交优秀的人，能使你进步

现实生活中广为流传着这样一句话："你是谁并不重要，重要的是你和谁在一起。"古代"孟母三迁"的故事，就是这句话最好的证明。你和谁交往，交什么样的朋友真的很重要，甚至能改变你的成长轨迹，决定你的人生成败。

某公司董事长的司机年龄大了，准备辞职离去。董事长看他兢兢业业干了30多年，为了能让他安度晚年，拿了张200万支票给他。司机说："不用了，一两千万我还是拿得出来的。"该董事长很诧异，问："你每个月工资只有五六千，怎么能存下这么多？"司机回答说："你在坐车接电话的时候，每次说买哪里的地皮，或者买哪里的股票，我都会跟着买一点，到现在我手里也有一两千万的资产了。"

从这段简短的对话中可以看出，你是什么样的人不重要，重要的是和谁在一起，这个道理其实在我们生活中处处都在验证着。这也说明了一点，你选择和谁在一起，选择什么样的环境很重要。

中国有句古话："近朱者赤，近墨者黑。"美国人也有句谚语："你能走多远，在于你与谁同行。"如果你想展翅高飞，那么请你多与雄鹰为伍，并成为其中的一员；如果你成天和小鸡混在一起，那你就不大可能高飞。犹太经典《塔木德》里有句话："和狼生活在一起，你只能学会嚎叫。"同样，和优秀的人接触，你就会受到他们良好的影响。在一片向上的氛围中，优秀的人都在努力，你还有什么理由不努力？由此可见，跟什么人在一起，对一个人的影响是巨大的。与强者交朋友，自己会变得更强；与弱者交朋友，自己就会变得平庸。你跟着什么人，就容易变成什么人。跟着优秀的人，你也差不到哪去。

刘浩大学毕业之后，开始做高端产品销售时，因为没有很好的人际关系基础，又缺乏拓展人脉的经验，销售业绩很不好。刘浩唯一的人脉就是过去的大学同学了，他只能求助于他们。于是，他经常打电话给自己过去的同学，向他们倾诉自己的烦恼，请他们帮助自己。然而很快他就发现：这些老同学虽然在交情上没说的，也都会真心实意地帮忙，但因为他们都和自己一样，是初出茅庐的小青年，除了给自己一些安慰和鼓励之外，起不到什么实际的作用。

于是，刘浩做出一个大胆的决定：学打高尔夫球。他不惜花费自己微薄的工资，去参加汇聚大量高层人士的高尔夫俱乐部。因为刘浩发现，自己的客户应当是处在中高档生活阶层的人士，而自己平时接触的人都是一些普通的工薪阶层，所以，他必须改变自己的人脉圈子。

实施"高尔夫策略"之后，刘浩的办公室转移到高尔夫球场。很快，他通过打球结识了不少成功人士，他的业绩也日渐好转。这时，他发现一个有趣的现象：别人开始主动来找他了！

因为那些人发现，刘浩和高尔夫球场上那些大老板来往甚密，很多人通过第三者介绍来主动结识他。由此，刘浩进一步通过自己的工作关系建立了更优质的人脉网络。很快，他便晋升为公司的销售经理了。

由此可见，与成功者为伍对于个人的事业成功有着多么重要的影响。你想做什么样的人，就要和什么样的人在一起。你要想成为一个成功者，就要先努力和成功者在一起。和那些优秀的人接触，你就会受到良好的影响，耳濡目染，潜移默化，成为一个优秀的人。

“物以类聚，人以群分。”和什么样的人在一起，往往会有什么样的人生。一个人身份的高低，是由他周围的朋友决定的。有一个事业有成的人曾经说过：“如果要求我说一些对青年有益的话，那么，我就要求你时常与比你优秀的人一起行动；就学问或人生而言，这是最有益的。”结交成功人物能让自己变得更强大，经常与功成名就的人保持来往，回避毫无价值的人际关系，这不能称为功利，这是你获得成功的关键力。多与进步的人相结交，多和功成名就的前辈相见，能有效转变我们的命运。

有一个名叫阿瑟·华卡的农家少年，在杂志上读了某些大实业家的故事后，非常想知道得更详细些，并希望得到他们对后来者的忠告。

有一天，华卡跑到纽约，早上7点就到了威廉·亚斯达的事务所。在第二间房子里，华卡立刻认出了面前那体格结实，长着一对浓眉的人是谁。高个子的亚斯达刚开始觉得这个少年有点不讨人喜欢，然后听到少年问他：“我想知道，我怎样才能赚到百万美元。”此时他的表情变得柔和并微笑起来，和少年竟交谈了一个小时。随后亚斯达还告诉少年该去访问的其他实业界的名人。

华卡照着亚斯达的指示，遍访了当地一流的商人、总编辑及银行家。

在赚钱这方面，华卡所得到的忠告并不见得对他有所帮助，但是能得到成功人士的知遇，却给了他自信。他开始仿效他们成功的做法。

又过了两年，已成为20岁青年的华卡，成为他学徒的一家工厂的所有者。24岁时，他成为一家农业机械厂的总经理，为时不到5年，他就如愿以偿地拥有百万美元的财富了。这个来自乡村粗陋木屋里的青年，终于成为某银行董事会的一员。

华卡在活跃于实业界的67年中，实践着他年轻时来纽约学到的基本信条，即多与成功人士交往，从而改变了他的命运。

多结交事业有成的朋友，是一条获得长远发展十分有效的途径。借助成功者的智慧，这样，你就能够在思考中始终处于领先的地位，然后再取得事业上的成功。

正所谓："画眉麻雀不同嗓，金鸡乌鸦不同窝。"多与优秀的人在一起，你也容易走上成功之路，这被很多事例证明过。所以，广泛结交事业有成的朋友，获取属于自己的人脉，成功的彼岸离我们就更近了！

结交贵人，为你照亮前程

贵人，是我们的人生中不可缺少的人。人的一生，总会出现一些对你加以指点、扶持、提拔、抚慰、协助你渡过难关的贵人，这将直接关系到你人生的飞跃和发展。因为有贵人相助，可以为你打开机遇的天窗，让我们拨云见日，豁然开朗，直接进入成功的行列和境界；还可以大大缩短你努力成功的时间，提升你成功的速度，使你站在巨人的肩膀上。

有着“飞人”之称的百米跳栏冠军刘翔最初练习的项目是跳高，后来孙海平教练发现他的节奏感很好，而且弹跳能力很强，更适合练习跨栏。果然，在110米跨栏比赛中，刘翔如同离弦之箭，在快速奔跑中良好的节奏感和弹跳力得到了淋漓尽致的体现。

试想，如果刘翔当时不是遇到孙海平这个贵人，那么他也许不会成为现在的刘翔。可见，成功之路漫长而道远，有时候自己莽莽撞撞走百步，不如伯乐带你走一步。

在社会上打拼，靠实力，也要讲关系和缘分，“贵人相助”是其中极为重要的一环。有时候，某人的一句话就能令你茅塞顿开，这个人就是你的贵人；有时候，某人的举手之劳帮你卸掉了重负，让你轻装上阵、信心百倍，这个人就是你的贵人；有时候，某人不经意间的一个提示，让你豁然开朗、有如神助，这个人就是你的贵人。

李某是香港的实业家，属于“新贵”一类。当年独立门户时，他只有18岁，他在创业过程中曾获得贵人相助。

小时候的李某是个典型的“问题学生”，自称不是读书的料。中学没毕业，李某就开始了自己人生的第一份工作——在一家电子公司当电子零件推销员。干了整整一年，这让他有机会与许多电脑行家混熟，还结识了一些从事电脑行业的老板，包括他后来的贵人曾某等。这段工作经历使他对电脑产生了兴趣，萌发了自己创业当老板的念头。

18岁的李某兴致勃勃地拿出2万元积蓄，和一位同事合伙在旺角租了一个300多平方英尺的地方，开了一家小型工厂，专业替电脑商装嵌电路面板。

由于他不善于经营管理，不久之后，公司账面上便欠下了20多万元的债务。而公司资本只有4万元，一旦债权人逼债，那就只有破产倒闭了。

正在这时，曾某的出现为李某的公司发展带来了突破。他于1985年与李某合资设立新厂，这也成为李某事业上的转折点。

有了曾某做靠山，李某公司的业务蒸蒸日上。过去经营小厂时，一些代理商见厂房小，往往只把少数的订单交给他们生产，因此业务受到很大的限制。现在好了，订单像雪片一样飞来，忙得李某不亦乐乎！

借助曾某的影响，李某的业务上了一个新台阶。几年后，他到深圳设厂，将台湾的业务也抢过来不少。后来，工厂营业额已近7000万港元，成为香港生产小型电脑板的著名厂家之一。

李某的成功，曾某起了推波助澜的作用。如果不是与曾某合作，扩大工厂规模，李某即使能成功，也不可能那么快。

借贵人相助，往往是获得成功最简捷、最有效的途径。气球飞不起来，是因为它没有充满密度小的气体；一辈子都不走运的人，是因为他没有足够的贵人缘！生命中如果没有一个贵人出现，你的人生道路就会变得异常艰辛。对于一个渴望成功的人来说，贵人就是其生命中的一个支点，凭着它，他可以轻松获得精彩的人生，让自己的生命绽放美丽的火花。

每个人的生命中，都存在着许多可能帮你的贵人。有的是他们主动对你伸出援手，有的需要你自己慢慢培养关系。所以，你不妨留心观察周遭的人，看看哪些可能是你的贵人，然后主动亲近他们，与他们保持联络，让他们对你有深刻的印象。在某个时机，他们就会发挥“贵人”的功能，在你事业发展的过程中，助你一臂之力。

总之，每一个走向成功的人在不同阶段都得到过贵人相助，只不过有些人没有察觉而已。师长、上司、前辈、朋友、同事，甚至是萍水相逢的陌生人，只要你留意都有可能成为你的贵人，也就是说，贵人随时随地都可能出现在你的身边。

远离损友，有些朋友不可交

什么是朋友？称兄道弟的就是朋友？两肋插刀的就是朋友？一起混日子的就是朋友？其实，很多人并没有真正理解朋友的含义，也不清楚“朋友”这两个字的分量，不知道它意味着什么。年轻人更多时候都注重形式主义，只要表面上看起来够义气、对他们好，他们就认为这样的人适合交朋友，却不知道有些人正是利用表面功夫骗取他们的信任，最终反而会让他们受到伤害。

一个人交什么样的朋友很重要。结交一个好朋友，可以一生受益；结交一个坏朋友，可能使自己的一生黯淡无光。《论语》云：“益者三友，损者三友。友直、友谅、友多闻，益矣；友便僻、友善柔、友便佞，损矣。”就是说，与正直、讲信用、有学问的人交朋友，会受益匪浅；与那种献媚奉承、心术不正、华而不实的人交朋友，会带来坏处。所以，在交友的过程中要交益友，不交损友，尽量远离以下几种人。

1. 不孝顺父母的朋友

俗话说："百善孝为先。"无论何时，我们都要把孝敬父母放在第一位。如果一个人连自己的父母都不孝敬，那么就算他功成，也一定不会名就，因为这样的人永远不会得到别人的认可。即便你再有钱，但你不孝敬父母，这便是你一生的污点，会被世人唾弃。

在一次酒局上，周亮连续挂掉老母亲的"骚扰电话"，抱怨起来："天天瞎打电话，关心这关心那，全是废话。"大家沉默了。

酒后，周亮抓起车钥匙就走，大家劝他找个代驾，他不屑地嚷嚷："别啰啰唆唆的，像个老太婆一样，我认识交警大队的，谁敢拦我！"

大家就再没敢说什么，周亮倒是因为酒驾被拘留了两天。

不懂的珍惜父母关爱的人，也不会把他人的好意放在心上。同样，一个人没有了孝心，其他优秀的品质都是妄言。真正孝顺的人，在生活中也会是良师益友。不孝顺父母的人，最冷血无情，不值得深交。

试想，一个人如果连父母都不孝顺，你还能指望他会对你很好吗？你觉得一个不孝顺父母的人，他会成为你的真心朋友吗？不孝顺的人，连父母都可抛下，何谈朋友情谊？所以，当你发现你的朋友连自己的父母都不孝顺，对父母一点感情都没有时，那你一定要远离他，不要和这样的人交朋友。

2. 心术不端的朋友

有一些年轻人交朋友目的比较单纯，往往以个人兴趣和爱好作为交友的唯一标准，却很少顾及对方的人品，“只要你对我好，我也会为你两肋插刀”，至于这个朋友是否有利于自己和社会他们就不考虑了。这样一来，他们就容易结交到一些心术不端的朋友，让自己的道德行为受到不良影响。

15岁的小西性格豪爽，喜欢结交朋友，在这花季的年龄他本该在学校学习知识，但他现在只能在少管所度过一段铁窗岁月。

原来，小西的父母忙于工作无暇顾及他，他从9岁开始就在社会上结交了许多青少年，这些人教他学会了偷盗抢劫。后来，小西和这伙人经常溜门撬锁、半路劫财。最终，因为一次数额巨大的偷盗，他和其他几人都被警方抓获。

显然，小西结交了一些心术不端的朋友，可以说他的犯罪行为与其交往的朋友有着直接的关系。如果你的孩子结交了不好的朋友，你的孩子也会深受影响，甚至会因一时的效仿而走入歧途。在现实生活中，这样的事例屡见不鲜。

罗刚和妻子很早就离开了中国，到美国纽约打工。等有了一定积蓄后，夫妻俩开了一家小饭馆，生意还不错，足够一家人过日子的。罗刚开的饭馆位于美国的贫民窟，当地的犯罪率很高。罗刚的儿子罗文上初三了，在离饭馆不远的一所中学上学。

每次罗文回家后，罗刚就让罗文到饭馆帮忙。来饭馆的都是附近的人，有吸毒的，还有赌博的，他们肆无忌惮地在饭馆说粗话、打牌、抽烟，甚至吸毒。

罗文很快就学会了抽烟和说粗话，罗刚并不在意，因为当地很多人都这样。又过了一段时间，罗文学会了吸毒，并开始从家里偷钱去买毒品。这时罗刚才后悔，不该让孩子来饭馆帮忙，接触那些人。

常说："学好三年不足，学坏一日有余。"很多年轻人初次吸烟都是出于好奇，同时也是为了朋友之间的友情。在一些交际场合中，朋友出于玩的心态，为身边的人派发香烟，为了顾忌朋友的面子和感情，一些意志不坚定的人就会迈出他们染上不良嗜好的第一步。可以说很多年轻人的一些不良习惯甚至是犯罪行为，源于他们不成熟的友情交际。他们一旦交上了心术不端的朋友，就很难去摆脱。所以，我们一定要远离那些坏的朋友，为自己的人生负责。

3. 喜欢在背后说人坏话的朋友

常言道："人人背后有人说，背后人人在说人。""说人"是人的本性使然，许多人都有背后议论别人的是非的习惯，其中，所议论的大多数是"非"——说的都是别人的坏话。这种攻击通常是在非利益冲突的前提下说的，于是论人者觉得自己不背负道德意义上的责任，也就放任自己，对自己的这一"恶行"不加反思及制止。这是因为，他们没有意识到自己所做的事情的严重性，也没有想到这将给他们带来严重的后果。

有三个人本来是不错的朋友，但其中两人突然因为一个女人而闹得很不愉快，他们虽然平时见面还都装出一副无所谓的样子，但一旦分开就都去找第三个朋友，拼命互相说坏话。如果第三个朋友把这些话入耳封存也就算了，偏偏这个朋友是个长舌的人，他在一人面前把另一人说的坏话告诉他，又跑到另一人面前如法炮制。实在压抑不住自己说话的欲望了，他又找到一群人，把二人的矛盾添油加醋地议论一番，一时间满城风雨，好不热闹。一段时间后，有矛盾的两人都冷静了下来，慢慢恢复了友谊。他们这才发现在这件事情中，他们的朋友扮演了一个不光彩的角色，于是三人大吵了一架。这个人同时失去了两个朋友，还被人说成是挑拨离间的小人，这一切都是因为他的长舌的坏习惯。

喜欢搬弄是非、挑拨怨仇，到处说别人坏话的人，最终都会使自己受害。在生活中，我们也常常遇到这样的人，他们当面一套背后又是一套。他们可能这一秒还在你面前故作好人，同情你、安慰你、关心你。但一转身，他们就在背后说你坏话，打你小报告，甚至污蔑、中伤、曲解你也是常事。

中国有句俗话："宁在人前骂人，不在人后说人。"这个意思就是说，别人有缺点和不足之处，你可以当面指出，令他改正，但是千万别当面不说，背后乱说。这样的人，不仅会令被说者讨厌，同样也会令听者讨厌，他们永远结交不到真正的朋友。所以，我们一定要远离背后说人坏话的朋友。同时，我们也应该告诫自己，不要背后说别人的坏话！

曾国藩说："择友乃人生第一要义。一生之成败，皆关乎朋友之贤否，不可不慎也。"好朋友能温暖我们的心灵，在关键时刻给我们激励和鞭策；坏朋友却使我们的生活偏离正确的方向。所以交友时一定要注意多结交"好"朋友，而绝不是前面提到的这几种朋友，否则你会毁在他们手上。

第五章

用对方法，学会主动与人交往

做好自我介绍，让对方认识你

我们出入社交场合时，为了让别人很快认识并记住我们，免不了要自我介绍一番，因此，自我介绍便成了社交中必不可少的一环了。自我介绍是向别人展示你自己的一个重要手段，自我介绍好不好，甚至直接关系到你给别人的第一印象的好坏及以后交往的顺利与否。在人际交往中，如果能积极主动、正确得体地介绍自己，不仅可以广交朋友，扩大自己的交际范围，而且有助于自我宣传和营销。

杨澜在应聘《正大综艺》主持人的时候，凭借一流的口才和出众的自我介绍抓住了主考官的心，一举夺得了这个宝贵的机会。她是这样进行自我介绍的："父母给我取名杨澜，就是希望我有大海一样的胸怀，自强、自立。我相信自己能做到这一点。作为一名主持人，要有大海一样的胸怀，要有与观众沟通的强烈愿望，而我正是这样一个人。……相信我会成为最杰出的节目主持人！"

杨澜的自我介绍是成功的。她突出了名字中"澜"字与大海及其特点之间的联系，从而让人印象深刻。

与人初次相见，一个巧妙的自我介绍，无疑会为你和陌生人之间搭起一座沟通的桥梁，是成功交际的第一步。每一个社交高手，与陌生人交往时，都会知道如何巧妙介绍自己，从而博得对方的好感。

台湾著名节目主持人凌峰，曾参加了1990年中央电视台春节联欢晚会。晚会上他这样自我介绍：

在下凌峰，我和文章（台湾地区歌星）不一样，虽然我们都得过金钟奖和最佳男影星称号，但是，我是以长得难看出名的（掌声）。两年多来，我们大江南北走了一趟——拍摄《八千里路云和月》，所到之处呢，观众给予我们很大的支持……一般说来女观众对我印象不太良好：有的女观众对我的长相已经到了忍无可忍的地步（笑声），他们认为我是人比黄花瘦，脸比煤球黑……但是，时代在变，潮流在变，审美的观念在变。如果你仔细归纳一下，你会发现，现在的男人基本分为三种：第一种——看上去很漂亮，看久了也就那么回事，就像我的好朋友刘文正这种；第二种——看上去很难看，看久了以后越看越难看，就像我的好朋友陈佩斯这种；第三种——看上去很难看，看久了以后你会发现，他另有一种男人的味道，就是在下我在这种（掌声笑声）。鼓掌的都表示同意了！鼓掌的都是一些长得和我差不多的（笑），这是物以类聚啊！接下来按规矩迎接挑战，带来一首歌曲《小丑》。在我的人生观看来，我认为每个人都会扮演许多次的小丑：有时候在爱人面前；有的时候在领导面前；有的时候在孩子面前；有的时候在父母面前。我是在鼓掌面前，给大家带来一首《小丑》——掌声有没有就无所谓啦！（笑声掌声）

这里，凌峰的自我介绍运用了自嘲手法，显得妙趣横生。自我介绍是一个人的“亮相”，人们对你的评价就从此时开始。在某种意义上来说，自我介绍是社交活动的一把钥匙。这把钥匙如果运用得好，可以使你在以后的活动中得心应手；反之，由于已造成了不良的第一印象，也会使你觉得困难重重。那么，应该怎样做自我介绍呢？人际交往心理学家为我们提出了几点建议。

1. 注意内容

自我介绍的内容，通常包括本人姓名、年龄、籍贯、学历、简历、特长、兴趣等。至于是否要“和盘托出”，你可以根据交际的目的、场合、时限和对方的需要等做出恰当的判断，尽量使介绍能满足对方的期待。

2. 注意时间

进行自我介绍一定要力求简洁，尽可能地节省时间。通常以半分钟左右为佳，如无特殊情况最好不要长于一分钟。为了提高效率，在做自我介绍的同时，可利用名片、介绍信等资料加以辅助。

3. 讲究态度

进行自我介绍，态度一定要自然、友善、亲切、随和。应落落大方，彬彬有礼。既不能唯唯诺诺，又不能虚张声势，轻浮夸张。进行自我介绍要实事求是，真实可信，不可自吹自擂，夸大其词。语气要自然，语速要正常，语音要清晰。

4. 注意方法

进行自我介绍前，应先向对方点头致意，得到回应后再向对方介绍自己。如果有介绍人在场，自我介绍则被视为是不礼貌的。应善于用眼神表达自己的友善，表达关心以及沟通的渴望。如果你想认识某人，最好预先获得一些有关他的资料或情况，诸如性格、特长及兴趣爱好。这样在自我介绍后，便很容易融洽交谈。在获知对方的姓名之后，不妨口头加重语气重复一次，因为每个人最乐意听到自己的名字。

5. 注意时机

当你与陌生人初次见面时，你必须及时、简要、明确地做出自我介绍，让对方尽快了解你。相反，若你们见面时相互凝视半天，你仍沉默或前言不搭后语，对方会很不愉快，甚至会产生许多疑问，使对方不愿意与你交往。当然，若对方正与他人交谈，或大家的精力正集中在某人、某事上，则不宜做自我介绍；而在对方一人独处时进行自我介绍，则会产生良好效果。

总之，良好的开始是成功的一半。好的自我介绍，可以营造出一个和谐的社交氛围，更能加深对方对你的记忆。

暖人的寒暄，营造交谈好气氛

寒暄又叫打招呼，是人与人建立语言交流的方法之一，是人际交往的润滑剂。它能让不相识的人相互认识，使不熟悉的人相互熟悉，把单调的气氛活跃起来，为双方进一步攀谈架设友好的桥梁。

乔·吉拉德是美国汽车销售界的传奇人物，被誉为汽车销售大王，他没有三头六臂，也没有强硬的后台，他的秘诀就是与客户寒暄。他开口两三句话，就会让你觉得他和你很熟悉，就像昨天刚刚一起喝过咖啡，聊过天似的。

“哎呀，老兄，好久不见，你躲到哪里去了？”假如你曾经和乔·吉拉德见过面，你一进入他的展区，就会看到他那迷人的、和蔼的笑容，然后走过来朝你热情地打着招呼，呼喊着你的名字，似乎你昨天刚刚来过，但你们也许有好几个月没见面了。

他这样亲切，让本想随便看看车子的你产生一种局促不安，你可能会说：“我只是随便转转。”“随便看！来看望我就必须要买车吗？如果是那样，我还能交到朋友吗？不管怎么样，能够见到你，我就感到很高兴！”

吉拉德寥寥数语，就会让你的尴尬和局促消失得无影无踪。然后他会请你去他办公室坐坐，聊一会儿天，喝几杯茶，还不时爽朗地大笑一气。当你起身告别的时候，你的心里会产生一种恋恋不舍的感觉，这个时候，你的购买欲望会十分强烈，原本的购置计划也可能提前落实。

对于陌生的顾客，吉拉德也有一套自己的办法。

一天，一个建筑工人来到他的展位。吉拉德与他打完招呼，并没有急着介绍自己的汽车产品，而是和工人谈起了建筑工作。吉拉德一连问了好几个关于施工队的问题，每个问题都围绕着这位建筑工人展开，比如“您在工地上做什么具体的工作呢？”“那个漂亮的小区你一定参与过建造吧？”等。几个问题下来，他和这位建筑工人已成了无话不谈的好友，建筑工人不但非常信赖地把挑选汽车的任务交给了他，还介绍他跟自己的同事认识，使吉拉德获得了更多的商机。

显然，吉拉德是一个寒暄的高手，无论是熟人还是陌生人，他都能与其有效地沟通。由此可见，见面寒暄几句，可以在人际交往中打破僵局，缩短人际距离，能够传达出自己对交谈对象的敬意或者表示出乐意与对方结交之意，还可以为我们的事业带来帮助。

见面寒暄几句，是给对方留下好印象的第一步。寒暄其实是想向对方传递一种友好的信息，是为了使双方更加接近的非常重要的行为。这不仅是接触的第一步，也是所有人际关系的起点。

寒暄虽然是人们相会时的见面语，但也是交谈者之间良好沟通的桥梁。寒暄并不是几句废话，它是交谈的“导语”，具有抛砖引玉的作用，是人际交往中不可缺少的重要一环。

很多人可能都会有这样的经历，在与人初次见面时，由于彼此都不太了解，往往容易陷入无话可说的尴尬境地。此时，你不妨以一些寒暄语作为交往的开始。常见的寒暄有以下几种方法。

1.问候式

真诚的问候给人一种亲切、友善的感觉。问候是生活中不可或缺的温暖因素，好的问候能快速拉近陌生人之间的距离。“您好”，是向对方问候致意的常用语，如能因对象、时间的不同而使用不同的问候语，效果则更好。对德高望重的长者，宜说“您老人家好”，以示敬意；对年龄跟自己相仿者，称“老×（对方的姓氏），你好”，显得亲切；如果对方是医生、教师，说“×大夫，您好”“×老师，您好”，这样带有尊重意味。节日期间，说“节日好”“新年好”，可以给人以祝贺节日之感；早晨说“您早”“早上好”则比“您好”更得体。

2. 敬慕式

对初次见面者表示敬重、仰慕，这是热情有礼的表现。用这种方式时必须要掌握分寸，恰到好处，不能乱吹捧，不说“久闻大名，如雷贯耳”之类的过头话。表示敬慕的内容应因人、因时、因地而异。例如：“您的艺术品我曾经观摩过多遍，受益匪浅。想不到今天竟能在这里一睹艺术家的风采！”“以前只在电视和杂志上见到过您的美貌，今天能一睹您的芳容，真是明白了何为倾国倾城啊。”

3. 攀认式

一般来说，对一个素不相识的人，只要事前做一番认真的调查研究，你都可以找到或明或隐、或远或近的亲疏关系。而当你在见面时及时拉上这层关系，就能一下缩短心理距离，使对方产生亲切感。

王峥要去谈生意，内心很忐忑，因为己方公司报的价格太低，而对方老总又是出了名的“铁公鸡”，一毛不拔。刚进对方公司，王峥就听前台服务人员说对方老总是个篮球迷，追球星的程度不亚于年轻的追星族。等到见了对方老总，没等老总说话，王峥就拱了拱手，说道：“大师兄好！”对方听得云里雾里，很诧异地问王峥：“怎么我就成了你的大师兄了呢？”王峥不慌不忙地说：“谁人不知道您是乔丹迷，而我呢，正好是科比迷，乔丹又是科比的前辈，叫您一声大师兄自然是应该的。”

在上面的事例中，王峥就是巧妙地找到两个人的共同点，将原本两个陌生人用“篮球迷”这个纽带连成了师兄弟的关系，缩短了与对方之间的距离。其实，任何两个人，只要彼此留意，就不难发现双方有着这样或那样的“亲”“友”关系。

4. 赞美式

初次与陌生人交往，对方一般都有防备心理，如果你直接赞美，他会觉得你目的不纯或者是表现得很“假”，所以你不妨盛赞与对方密切相关的其他事物，利用这种间接的赞美表达自己对他的欣赏。

某市文化单位要建一座影剧院。一天，该单位王主任正在办公，某家具公司李经理上门推销座椅。他一进门便说：“哇！好气派。我很少见过这么漂亮的办公室，如果我也有一间这样的办公室，我这一生就满足了。”李经理就这样开始了他的谈话。然后他又摸了摸办公椅扶手说：“这不是香山红木吗？难得一见的上等木料啊！”

“是吗？”王主任的自豪感油然而生，并接着介绍说，“我这儿整个办公室都是请一家知名装潢厂家装修的。”他又亲自带着李经理参观了整个办公室，介绍了设计思想、装修材料、色彩调配等，整个过程他都兴致勃勃。

在这样和谐的气氛下，李经理成功拿到了王主任签字的订购合同。

在这个事例中，李经理没有直接赞赏王主任有品位、有见地，而是称赞王主任办公室的豪华气派，令对方倍感自豪、兴致大发，于是自然就拉近了与这个“陌生人”之间的距离。

多说“我们”，从心里把彼此划到同一战线

在人际交往中，也许你会发现，那些社交经验丰富的人，一般很少直接跟你说“我怎么着怎么着”，都是说“我们怎么怎么样”。这样虽然有拉关系、套近乎的嫌疑，但是，这招很有效，简直可以称得上是人际交往的“助推剂”。

最新研究发现，一段健康的感情始于“我们”一词。交谈中多用“我们”是彼此依赖的标志，意味着双方想法、感受和行为在相互影响，也表明一个人在关系中从自我中心取向到注重经营关系的转变。

与人交际时最不重要的一个字，就是“我”。福特汽车公司前主席亨利·福特二世描述令人厌烦的行为时说：“一个满嘴‘我’的人，一个独占‘我’字，随时随地说‘我’的人，是一个不受欢迎的人。”的确如此。在人际交往中，“我”字讲得太多并过分强调，会给人突出自我、标榜自我的印象，这会在对方与你之间筑起一道防线，形成障碍，影响别人对你的认同。而“我们”这个词却可以制造彼此间的共同意识，拉近双方的距离，对促进人际关系将会有很大的帮助。

心理学家曾做了一项有名的实验，就是选编了三个小团体，并且分派三人饰演专制型、放任型、民主型的三位领导人，然后对这三个团体进行意识调查。

结果，民主型领导人所带领的这个团体，表现出了最强烈的同伴意识。而其中最有趣的现象，就是这个团体中的成

员大都使用“我们”一词来说话。

经常听演讲的人，大概都有过这样的经验，就是演讲者说“我们是否应该这样”比“我这么想”更能使拉近与听众的距离。因为“我们”这个字眼，含有“你也参与其中”的意思，所以会令对方心中产生一种参与意识，按照心理学的说法，这种情形叫作“卷入效果”。

心理学家指出，在每个人的潜意识里，都或多或少地存在着“自我意识”，因此，每个人都不希望被人指使。如果对方意识到你在试图说服他，他的自我意识就会变得非常强烈，本能地与你对抗。在这种情况下，即使你说得天花乱坠，也很难打动他的心。相反，他会认为你所做的只是为了个人的利益着想，甚至会对你的人品产生怀疑。此时，如果你不失时机地多说几个“我们”“我们的”，就会立刻使对方觉得你们的利益一致，也会在不知不觉中跟你站在同一条“战线”上。于是，原本坚硬的防御堡垒，也会在不知不觉中自动地消除。对于那些自我意识很强的人，更应该使用这种方式。

有个工厂的厂长，在上级领导来工厂检查工作开座谈会的时候，他认认真真地汇报了工厂的宏伟规划和目前存在的困难。他说：“我今年的产值一定要超过×万元，我的利润一定要达到×万元……但我的困难很多……我……我……我……”汇报时还有他的副手、中层骨干和工人在场。

汇报以后，上级领导征求大家的意见，没有一个人作声。等了好大一会儿，一个工人没头没脑说了两句这样的话：“我们没意见。老板怎么说我们就怎么干。”这使所有在场的人都感到十分尴尬。

这个工人之所以对厂长使用“老板”这个称呼，是因为厂长把工厂、大伙、集体都称为“我的”“我”。对厂长这个常挂在嘴边的别扭的“我”字，工人们早已很反感。

“我”和“我们”从字面来看只有一字之差，但给人的感觉却完全不一样，这主要在于听者的感受。“我们”表明说话的人很关注对方，站在双方共有的立场上看问题，把焦点放在对方，而不是时时以自我为中心。

事实上，一个善于沟通的人，在语言交流中，总会避开“我”字，而用“我们”开头。在人际交往中，如果你很自然地多说“我们”“咱们”“大家”等这类字眼，会使人感觉到大家均是同路人，是生命共同体，必然能拉近人心，让人们更喜欢你。

试着这样去做吧，不久你就会领略到“我们”这个词的奇特魅力了。

善于推销自己，让别人更喜欢你

所谓推销自己，就是表现自己，将自己的优点展示给别人，让更多的人认识自己、了解自己。这一点也获得了成功学家卡耐基的认同，他曾说过这样一句话：“成功的人都善于随时随地推销自己，表现自己的才能，这是他们获得更多认可和机遇的原因。”

无论是在工作中，还是在与人交往的过程中，如果你不去主动地“推销”自己，向别人展示自己的才华，即便你学富五车，才高八斗，恐怕也没有人会真正地认识你。过于老实和保守，只会让你错失许多绝好的机会。

一个新闻系的毕业生到某报社找工作。

以下是他与总编的对话：“你们需要一个编辑

吗？”“不需要！”

“那么记者呢？”“不需要！”

“那么排字工人、校对呢？”“不，我们什么空缺也没有了。”

“那么，你们一定需要这个东西。”

说着他从公文包中拿出一块精致的小牌子，上面写着“额满，暂不雇用”。

总编看了看牌子，微笑着点了点头，说：“如果你愿意，可以到我们广告部工作。”

这个大学生通过自己制作的牌子表达了自己的机智和乐观，引起总编极大的兴趣，从而为自己赢得了一份满意的工作。

推销自己是成功的基础。如果你也能像上例中的毕业生那样，通过精彩的自我表现，凸显出个人的价值与个性，树立鲜明的形象，被对方承认和接受，成功也就近在咫尺了。

卡耐基说：“生活就是一连串的推销，我们推销商品，推销一项计划，我们也推销自己，推销自己是一种才华，一种艺术。当你学会推销自己，你几乎就可以推销任何有价值的东西。”可见，学会推销自己是每个人必须掌握的一门学问。

生活中，我们每个人都需要推销自己，因为这是突现自己的人生价值的需要。不论你从事何种职业，你都要向别人推销自己的观点和意见，这是展示自己，和吹嘘完全不同。被人认可、接受、欣赏更是一种自我价值的体现。你的言谈举止、社交礼仪、学识修养的展示，不仅使人对你产生深刻的印象，展示的反馈也使你能更有效地改进自己，顺应高速发展、竞争激烈的现代社会。

现代社会竞争激烈，人才辈出，专长各异。如果我们从学校毕业出来，一个个都成了谦谦君子，那恐怕真的要怀才不遇而终老一生了。老祖宗那种“桃李不言，下自成蹊”的遗训已经不再适用于今天的社会，如今的快节奏生活容不得观望、等待，以及慢慢地、默默地徘徊，那样只会错失大好的机会。只有抓住机遇积极地推销自己，才能有意外的收获。

世界歌王帕瓦罗蒂到中国采风的时候，去北京中央音乐学院做访问。许多有音乐功底和社会背景的学生都使出浑身解数，以求能在这位歌王面前一展歌喉。要知道，这可是一个难得的机会，只要是得到歌王的一句肯定，就足以引起中外记者们的大肆渲染，从而在歌坛上一鸣惊人。在学院的一间教室里，帕瓦罗蒂耐着性子挨个听大家唱歌，不置可否。正在沉闷之时，窗外有一男孩引吭高歌，唱的正是名曲《今夜无人入睡》。听到窗外的歌声，帕瓦罗蒂的眉头舒展开了，他说：“这个学生的声音像我。”接着他又对校方陪同人员说：“这个学生叫什么名字？我要见他，并收他做我的学生！”这个在窗外唱歌的男孩就是从陕北山区来的学生黑海涛。以他的资历和背景，根本没有机会面见到帕瓦罗蒂，他只能凭借歌声推荐自己。后来，在帕瓦罗蒂的亲自安排下，黑海涛得以顺利出国深造。1990年，意大利举行世界声乐大赛，正在奥地利学习的黑海涛又写信给帕瓦罗蒂表达了想参赛的意愿。于是，帕瓦罗蒂亲自给意大利总统写信，推荐他参加音乐大赛，黑海涛在那次大赛上获得了优胜奖。黑海涛凭着他那善于推荐自己的勇气和不断努力的精神，在他的音乐道路上取得了非凡的成就。

善于推销自己的人，总能让自己的才华被人发现和欣赏。这样的例子不胜枚举，很多成功的人就是因为比别人多了些积极推销自己的意识，哪怕只是多了一点点。所以，如果你真正是一个有才华或有特长的人，关键的时候大可不必过分压抑自己的表现欲，要适时做好自我推荐，以求得发展的机遇。

有人说："不管你做什么工作，其实每个人的一生都只有一项相同的工作，那就是推销自己。"人活着就是在推销，每个人无时不在推销着世界上最伟大的产品——自己。推销自己，就是让别人注意到自己，做人生舞台上的主角；推销自己，就是让更多的人接受自己，自然地融入人际关系中；推销自己，就是完美地展现自己，真正实现人生的价值。凡是有大成就的人，都是人们对他有大需求的人，而人们之所以认可他，在于他懂得推销自己，使自己身价炙手可热，烜赫一时。所以人生在世，学会推销自己是至关重要的。

一个人要成功，就要达到自己预先设定的目标。追求目标的过程，就是向社会和他人推销自己、实现自我价值的过程。不论你是谁，有多么的博学多才，如果不会推销自己，你就不会成功。所以，你必须学会推销自己的服务，或者自己的知识，以及自己的人格魅力。总之一句话，学会推销自己。

学会赞美，让交际更顺畅

生活中，每一个人都希望得到别人的赞美，赞美能激发人的自豪感和成就感，营造美好的心境，促生进取的动力。而赞美者在赞美、鼓励别人的同时，也会改善自己与周围人的关系，提升自己的生存智慧。要想获得友谊，诚心地赞美别人，你就会能如愿。

有一个年轻人应邀去参加一个盛大的舞会，可是年轻人显得心事重重。一位年长的女士邀请他共舞一曲，他们随着欢快的舞曲而起舞，年轻人也变得开朗起来。

一曲结束，年轻人对年长的女士给予由衷的赞美，对她的舞技大加赞赏。年长的女士听到有人这么欣赏她，显得很开心。出于好奇，女士忍不住询问年轻人刚开始时，为何愁眉不展。

年轻人讲出了原因。原来年轻人是一家运输公司的老板，可是由于自然灾害的原因，他的公司遭受了很大的损失，已经接近破产的边缘。年轻人已经没有多余的资金维持公司的周转了，即使想翻身也没有机会了。

事有凑巧，年长女士的丈夫是当地一家大银行的行长，她很爽快地把年轻人介绍给了她的丈夫。她的丈夫随即安排人对年轻人的公司进行了分析和调查，并给他贷款100万，帮助年轻人渡过了难关，解了燃眉之急。

真诚的、发自内心的赞美可以让我们快速地获得陌生人的好感。赞美之所以对人的行为能产生深刻影响，是因为它满足了人的对于强化自尊心的需要。赞美是对个人展现自我行为的反馈，它能给人带来满意和愉快的情绪，给人以鼓励和信心，让人保持这种行为，继续努力。

在生活中，几乎每个人都希望获得赞美。当一个人受到别人真诚的赞美时，他身上就会产生积极的心理效应，比如性格会变得活泼、热情、积极、乐观，愿意与人接近等。而我们则应该在谈话中多赞美对方，这样就能够收到比较好的交际效果。

莎士比亚曾经这样说过：“赞美是照在人心灵上的阳光。没有阳光，我们就不能生长。”赞美可以作为一种与他人社交的技巧，它可谓具有神奇的魔力，不但可以消除人际间的龉龃和怨恨，满足人的自尊心，还可以更容易地说服对方接受你的观点，有时甚至足以改变一个人的一生。

有一位销售人员去拜访一个新顾客，主人刚把门打开，一只活泼可爱的小狗就从主人脚边钻了出来，好奇地打量着他。

销售人员见此情景决定马上改变原已设计好的销售语言，他面带惊喜地说："哟，多可爱的小狗！是外国的狗吧？"

主人自豪地说："对呀！"

销售人员又说："真漂亮，鬃毛都收拾得整整齐齐的，您一定天天梳洗吧！真不容易啊！"

主人很愉快地说："是啊！是不容易的，不过它很惹人喜欢。"

销售人员就这只小狗展开了话题，然后又巧妙地将话引到他的真正意图上。待主人醒悟过来时，已不好意思再将他拒之门外了。

赞美是成功进行人际交往的一种重要能力。赞美不是简单的逢迎，而是对他人的优点发自内心的肯定。几句适宜的赞美，往往可以给对方留下良好的印象，点燃双方友谊的火焰，使你受益匪浅。

赞美之于人心，如阳光之于万物。在我们的生活中，人人需要赞美，人人喜欢赞美。这并不是虚荣心作崇，而是渴求上进，寻求理解、支持与鼓励的表现。父母经常赞美孩子，家庭气氛会和睦、欢乐；领导经常赞美下级，职工的积极性、创造性会不断被激发和调动。爱听赞美，是一种正常的心理需要。经常听到真诚的赞美，明白自身的价值获得了社会的肯定，有助于增强自尊心、自信心。

有的人吝惜赞美，很难赏赐别人一句赞美的话，他们不懂得，多正面引导，多表扬鼓励，是人际交往的一种方式。予人以真诚的赞美，体现了对人的尊重、期望与信任，并有助于增进彼此间的了解和友谊，是协调人际关系的好方法。人人皆有可赞美之处，只不过长处、优点有大有小、有多有少、有隐有显罢了。只要你细心，就随时能发现别人身上可赞美的"闪光点"。

总之，如果你乐意而且懂得衷心地表扬他人，那么你就能够更好地激励周围的人，营造出良好的社交环境，你的人际关系也会越来越融洽。

选择一个好话题拉近彼此间距离

与人交谈时“不知该如何开口”“不知该说些什么”，这是很多年轻人的通病。尤其遇到不太熟悉的人，心里难免会七上八下，不知道怎样进入正题。但真正的社交高手，在与人交谈时，总能很快找到双方的共同话题，并能获得对方的积极回应。

在火车站，王丽被身旁一名女生独特的气质吸引住了，于是走上前和她说话。女生高高瘦瘦，微卷的金铜色的头发自然地搭在肩上；她有一张白皙、秀丽的脸庞，但不漂亮；脖子围着的一条花布巾，米色风衣，黑色牛仔裤，蓝色休闲鞋，一身很简单的打扮。

王丽说：“看你个性十足的样子，我猜你一定会是一个名牌大学的高才生吧？”没想到那女孩淡淡一笑，说：“我姐姐在武汉读书，我在这里打工，已经四年了。”王丽说：“真的吗？”女孩说：“姐姐很喜欢读书，但我家穷，只能有一个上大学……不过我现在跟着姐姐，边打工边学英语和计算机，也挺快乐的。去年我姐姐考上了上海一所大学的研究生，我们马上要去上海了……”聊着聊着，俩人就成朋友了。

在人际交往中，要想很好地与他人交流，关键是学会“没话找话”，和对方有“共鸣”。很多人怕与陌生人交往，主要是和陌生人不知道说什么，感觉总找不到话题交流，其实只要你做个有心人，谈话时多加留意，就不难发现彼此对某一问题有相同的观点，或者有共同的爱好、兴趣和关注点，就此可以顺利地展开交谈。

怎样才能找到好话题呢?

1. 留心观察

一个善于观察事物、分析问题、处理矛盾的人，只要把寻找话题的着眼点放在他人身上，话题就会取之不尽，用之不竭。一个人的心理状态、精神追求等，都或多或少地会在他们的表情、服饰、谈吐、举止等方面有所表现，只要你善于观察，就会发现你们的共同点。例如，他和你一样都穿了一双耐克气垫运动鞋，你就可以以耐克鞋为话题开始你们的谈话。

2. 以话试探

两个陌生人相对无言 ，为了打破沉默的局面，首先要开口讲话，可以采用自言自语的方式，比如“天太冷了”。对方听到这句话便可能会主动回答，将谈话进行下去。 还可以以动作开场，随手帮对方做点事，如推下行李箱等；也可以发现对方口音特点，打开开口交际的局面，例如：听出对方的东北口音，说：“东北人吧？”以此话题便可展开对话。

3. 循趣发问

问明他人的兴趣，循趣发问，能顺利地进入话题。每个人都有自己的兴趣爱好，即使一个再沉默寡言的人，只要与人谈起他的兴趣爱好，他也会口若悬河。比如对方喜爱象棋，便可以此为话题，谈谈下棋的情趣，车、马、炮的运用等。如果你对下棋略通一二，那肯定谈得投机；如果你对下棋不太了解，那也正是个学习机会，可静心倾听，适时提问，借此大开眼界。你也可以先谈谈自己的兴趣爱好，来个抛砖引玉，然后在彼此的兴趣爱好里寻求共鸣点，以此增进了解、深化感情，并把彼此的兴趣爱好扩大到一个更广阔的领域。

4. 以对方为话题

人们往往千方百计地想使别人注意自己，但大部分的“成果”都令人失望，因为他不会关心你我，他只会关心他自己。因此，以对方作为谈话的开端，往往能令他人产生好感。赞美陌生人的一句，比如“你的衣服色泽搭配得真好”“你的发型很新潮”，能使他快乐而缓和彼此间的生疏。也许，我们大多数人都没有说这话的勇气，不过我们可以说：“您看的那本书正是我最喜欢的。”或者说：“我看见您进过那家便利店，我想……”

5. 细加揣摩，仔细分析

为了发现与陌生人的共同点，应该留心那些你需要交际的人跟别人的谈话，对他们的谈话进行分析、揣摩。如果你能够与这样的人直接谈话，更要认真揣摩对方的话语，从中发现共同点。

老张坐火车出差，一个先他上车的人悠闲地躺在卧铺床上玩手机。老张放下旅行包，稍作休息，冲了一杯浓茶，对那个先他而上车的人说：“师傅去哪里啊？”

“去苏州。”

“听口音是河北人吧？”

“噢，保定的！”

“啊，保定是个好地方啊！我在读小学时就在《平原枪声》的连环画上知道这地儿了。我三年前去了一趟保定，还颇有兴致地特意到白洋淀玩了一次呢，白洋淀的雁翔队的故事我可喜欢看了！”听了这话，那位保定的客人马上来了兴趣，两人从白洋淀和雁翔队谈开了，那亲热劲儿，不知底细的人恐怕会以为他们是一道来的呢。

他们从相识、交谈到最终的熟悉，就在于彼此间找到了“白洋淀”“雁翔队”这些双方的共同点。

可见，细心揣摩对方的谈话确实可以找出双方的共同点，使陌生的路人变为熟人，进而发展成为朋友。

第六章

拉近距离，快速赢得对方好感

投其所好，找准对方的“兴趣点”

人际交往中，怎样才能打动人心呢？最佳的方法莫过于投其所好，也就是要去了解对方的兴趣所在，并且同对方去聊他最感兴趣的话题。心理学认为，人们最感兴趣的话题是他们自己。当人们说起自己感兴趣的话题时，会异常兴奋，表现欲极强。当你满足对方的表现欲，跟他们谈及他们感兴趣的话题，他们会感觉到你对他们的关切，理所当然就会喜欢跟你聊天，缩短彼此交往的距离。

耶鲁大学的一位文学教授，在一篇文章中这样叙述：“我在六岁那年，有一个星期六去斯托拉多姨妈家度周末。记得傍晚时分，来了一个中年男子。他先和姨妈嘻嘻哈哈谈了好一会儿，然后便走到我面前和我说话。当时我正迷上小船，整天抱着小船爱不释手地玩。以为他只是随便和我聊几句，没想到他对我说的全是有关小船的事。等他走了以后，我还念念不忘，对姨妈说：‘那位先生真了不起，他懂得许多关于小船的事，很少有人会那么喜欢小船。’姨妈笑着告诉我，那位客人是纽约的一位律师，他对小船根本没有研究。我不解地问：‘为什么他说的话都和小船有关呢？’‘那是因为他是一位有礼貌的绅士。他想和你做朋友，知道你喜欢小船，所以专门挑你喜欢的话题和你说。’姨妈笑着告诉我其中的道理。”

正所谓：“话不投机半句多。”只要抓住了对方的兴趣，投其所好，不仅不会“半句多”，而且会千句万句也嫌少，越谈越投机，越谈越友好。所以说，人际交往的诀窍就是：谈论他人最感兴趣的话题。每个人都有自己感兴趣的事物或话题，你不妨找到他的兴趣点，积极主动地为他送上“一顿美味大餐”，这样你就能达成所愿。

曾经拜访过罗斯福的人，都会惊叹他的博学。不论你是什么职业、什么阶层的人，他都能针对你的特长侃侃而谈。其实这个道理很简单，当罗斯福知道访客的特殊兴趣后，他会预先研读这方面的资料以作为话题。因为罗斯福知道，打动人心的最佳方法，就是谈论对方所感兴趣的事情。所以说，要使对方喜欢你，原则上是要拿对方感兴趣之事当话题，让他感觉到自己的重要。在满足对方的自尊心之后，很多事情都会顺理成章。

投其所好是人际交往的一个技巧。谈论对方感兴趣的话题，是为了与对方找到共同话题，为自己后来要说的话做铺垫。如果能够找到对方的兴趣、爱好，然后巧妙地投其所好，很快就会让双方的关系变得和谐起来！

哈维·麦凯是美国价值上亿美元的麦凯公司的创始人，麦凯公司的年营业额曾超过7000万美元。他曾经在自己的书中说过这样一件事：

“我曾经连续三年经常性地拜访芝加哥一名女性采购经纪人，但她从来不给我任何机会报价。后来，我发现她是个摔跤迷！于是我立刻投其所好，也把自己变成摔跤迷。第二天，我跑到她办公室，说我有办法弄到摔跤大王乔治比赛的票，而且还是紧靠场边的位子。我邀她同行，或者我让出票来，让她邀其他人同去。

“看得出来，这对她来说，真是左右为难。接受呢？聪明如她，当然明白我送票的动机！不接受呢？她又怎舍得放弃如此好的机会。最后，摔跤的魅力战胜理智，她终于接受了我的票，但坚持票钱由她出。

“在她接受我们，给我们订单前，有六年的时间都是我自己孤军奋斗，却毫无斩获。六年后是什么扭转了颓势呢？那就是我投其所好产生的效果——后来我们的订单愈接愈多，可见，如果我能早日想到投其所好的办法，六年的等待真是大可不必！”

在这里，哈维·麦凯对症下药，从“摔跤”这一突破口进入，激起了对方的共鸣心理，从而轻易达到自己的办事目的。由此可见，投其所好，找到对方的兴趣点，常常可以把两个人的情感连在一起。所以说，投其所好是打破僵局，缩短交往距离的良策。

在与人交往时，聪明的人会找对方感兴趣的事或物交谈，使谈话的气氛友好而和谐；而愚蠢的人则对自己感兴趣的事情或自己的爱好大肆吹嘘，使对方感觉到谈话乏味无聊。当然，不同的谈话形式带来的结果也不会相同。

美国银行家杜威先生说过：“我仔细研究过有关人际关系的丛书，发现必须改变策略，我决定去找出这个人的兴趣，想办法激起他的热忱。”所以，如果你希望别人喜欢你，就要抓住一个诀窍：了解对方的兴趣，针对他所喜欢的话题与他聊天。

每个人都有自己感兴趣的事物或话题，一旦你能找到对方的兴趣所在，并以此为突破口，那你的话就不愁说不到他的心坎上。

幽默的人，到哪儿都受欢迎

这世上还有什么比幽默更能感染人的呢？只要你掌握了给人带来快乐的方法，你也就更容易获得人们的接受和肯定，成为一个在社交场上有影响力的人。

有人说：“博人好感者必善于幽默。”虽然这句话显得有点太夸张绝对了，但是，幽默在人际交往中确实起着不可小觑的作用。如果你想在交往中很快得到别人的友谊，就要善于运用幽默的力量。

有一位中学生在自己的日记中写道："叔叔的到来，使我们这个原本非常枯燥的房子里充满了阳光。他有一种天生的魅力，对任何事情都很乐观。在他到来之前，爸爸妈妈和我，三个人待在家里，除了柴米油盐，就是看电视和睡觉，平平淡淡，毫无亮色。爸爸一向不愿意多说话，妈妈只是个不停忙来忙去的人。从他们身上，我感觉到生活好像只不过是时间的流逝。叔叔从老家来了，给我们这个三口之家注入了新的活力。他看问题的奇特视角，风趣的言谈，爽朗的笑声，就像一股春风，让这所单调乏味的房子变得生机盎然起来，他是我见过的最幽默的人，他似乎总有讲不完的笑话。有一次在饭桌上，爸爸请他讲他在部队的事情。叔叔立即给我们讲了一个故事：他有一次带新兵训练，让大家做原地跑步，为了让大家的心思更加专注，他请新兵们把原地跑想象成自己在骑自行车。他刚提出这个建议，就看见一个新兵立即停下来，一动也不动。叔叔问他为什么停下来，那个新兵说：'报告班长，我正在骑自行车下坡。'听了这个故事，我们明明知道是假的，可是还是忍不住笑得前仰后合。我真希望叔叔能常住我家，永远不走！"

幽默是一个人魅力的体现，也是一个人的能力，更是一个人的品格。如果你具备了幽默的能力，那么，你就会发光，产生吸引力。

幽默是人际交往中的吸铁石，可以将周围的人吸引到你身边来。心理学家凯瑟琳告诉我们："如果你能使一个人对你有好感，那么，也就可能使你周围的每一个人，甚至是全世界的人，都对你有好感。只要你不是到处与人握手，而是以你的友善、机智、风趣去传播你的信息，那么时空距离就会消失。”编辑雷格威尔也说过：“原始人见面握手，是表示他们手上不带武器。现代人见面握手是表示我欢迎你，并尊重你。以幽默来打招呼，则是有力地表示我喜欢你，我们之间有着可以共享的乐趣。”幽默的谈吐，是社交场合必备的技能，幽默风趣的人往往更受人欢迎。

幽默存在于生活的方方面面，我们不得不承认，一个善于运用幽默的人是魅力十足的。凡具有幽默感的人，所到之处，皆是一片欢乐和融洽的气氛。

某大学有一位植物学教授，开的课虽然是冷门课程，但只要是他的课，几乎堂堂爆满，甚至还有人宁愿站在走廊旁听。并不是这位教授的专业知识多么吸引人，而是他的幽默风趣风靡校园，使得学生们都喜欢上他的课。

有一次，该教授带领一群学生深入山区做校外实习，沿途看到许多不知名的植物，学生好奇地一一发问，教授都详细地回答解说。一名女同学不禁停下了脚步，对着教授赞叹：“您的学问好渊博呀，什么植物都知道得那么清楚！”教授回头眨了眨眼，扮个鬼脸笑道：“这就是我故意走在你们前头的原因了，只要一看到不认识的植物，我就‘先下脚为强’，赶紧踩烂它，以免露馅！”学生们听了个个笑得前仰后合。

当然，教授只是开个玩笑，幽默一下而已。这就是他广受学生欢迎的原因。

幽默之所以能够提升个人魅力，其主要原因在于幽默能折射出一个人修养的深厚、智力的优越程度和豁达乐观的个性品格，使人具有特殊的和巨大的吸引人的力量。在人际关系中，你对别人“吸引力”的大小强弱正是个人魅力的体现。因此，一个富有幽默感的人，走到哪里都将散发出强大的吸引力和影响力。

幽默是沟通最好的调节剂，培养幽默感有助于与他人的沟通。拿破仑·希尔曾经说过："如果你是个幽默的人，那么你就会轻而易举地去影响你周围的人，让他们永远喜欢你；如果你是个悲愤的人，即使你身边是欢乐的海洋，你也会看不到的。"在这个忙碌的社会里，没有谁不愿意和能给自己带来快乐的人在一起。这种人在社交场上往往如鱼得水、左右逢源，可算是人际沟通中的幽默大师。

在社交场合中，人们喜欢那些具有吸引力的人。而什么才会使你具有吸引力呢？除了外在的长相，最重要的恐怕就是你的幽默魅力了吧！因此，我们一定要通过不断学习与成长，利用积极的思维、智慧的言语、幽默的表达，常常给周围的人分享欢乐，并照亮自己生命的意义，创造辉煌的人生。

那么，怎样培养幽默感呢？

1. 保持良好的心态

幽默与乐观是孪生姐妹。很难想象，一个遇到困难和挫折便愁肠百结的人，会具有幽默感。相反，一个具有幽默感的人却能从自己不顺心的境遇中发现某些"戏剧性因素"，而能让自己达到心理平衡。所以，只有当你心胸开朗了，才可能使别人心胸开朗；只有自身具有感染力，才可能感染别人。

2. 不断丰富自己的知识

幽默是一种智慧的表现，它必须建立在丰富知识的基础上。一个人只有拥有审时度势的能力、广博的知识，才能做到谈资丰富，妙言成趣，从而做出恰当的幽默比喻。因此，要培养幽默感必须广泛涉猎，充实自我，不断从浩如烟海的书籍中收集幽默的浪花，从名人趣事的精华中撷取幽默的宝石。

3. 灵活运用修辞手法

极度的夸张、反常的妙喻、顺拈的借代、含蓄的反语，以及对比、拟人、对偶……都能构成幽默。另外，选词的俏皮、句式的奇特也能构成幽默。表达时，特殊的语气、语调、语速以及半遮半掩、浓淡相宜或者委婉圆巧、引而不发——甚至一个姿势、一个心照不宣的微笑，都能表达意味深长的幽默和风趣。

总之，幽默的特点就是令人发笑，使人感觉快乐、欣悦和愉快，把这一特点运用到社会生活中，就会得到意想不到的效果。

真诚待人，你将会得到更多的真诚

何谓真诚？真诚就是真实、诚恳、实事求是，没有一点虚假。如果一个人拥有了真诚的品质，他就会交到很多的知心朋友，他的人生路也会越走越宽。

真诚是人际交往得以延续和深化的保证。只有以诚相待，才能使交往双方建立信任感，并结成深厚的友谊。我国著名的翻译家、教育家傅雷先生曾说过："一个人只要真诚，总能打动人的，即使人家一时不了解，日后也会了解的……我一生做事，总是第一坦白，第二坦白，第三还是坦白。绕圈子，躲躲闪闪，反而叫人疑心；你耍手段，倒不如光明正大，实话实说，只要态度诚恳、谦卑、恭敬，无论如何人家不会对你怎么样的。"

真诚是一种难得的品质，同时它也是一个人的修为素养。拥有真诚品质的人是世界上最富有的人，因为他们拥有人类最宝贵的精神财富。

松下电器公司还是一家乡下小工厂时，作为领导，松下幸之助要亲自出马推销产品。在碰到杀价高手时，他就坦诚地说："我的工厂是家小工厂。炎炎夏天，工人在炽热的铁板上加工制作产品。大家汗流浃背，却努力工作，好不容易制作出了产品，依照正常的利润计算方法应当是每件××元出售。"对手一直盯着他的脸，听他叙述，听完之后开怀大笑说：“卖方在讨价还价的时候，总会说出种种不同的话，但你说的很不一样，句句都在情理之上。好吧，我就照你说的价买下来好了。”

松下幸之助的成功，在于真诚的态度。可见，只有真诚对待对方，才能赢得对方的信赖。

真诚是做人的根本。那些取得巨大成功的人都有许多共同的特点，其中之一就是为人真诚。如果你是一个真诚的人，人们就会了解你、相信你，不论在什么情况下，人们都知道你不会掩饰、不会推托，你说的是实话，都乐于同你接近，因此你也就容易获得好人缘。

真诚是人与人之间沟通的桥梁。奥地利著名心理学家阿尔弗雷德·阿德勒说：“对别人不真诚的人，一生中困难最多，对别人的伤害也最大。所有人类的失败，都出自这种人。”因为这种人没有朋友，他不能给人以关心和帮助，别人也不会关心和帮助他。

朋友之间要做到交心，没有什么比真诚更重要了。《韩非子》说：“巧诈不如拙诚。”巧诈可能一时得逞，但时间一久，就露馅了；相反，拙诚是指诚心地做事，诚心地交友，尽可能地在言行中表现出真诚，时间长了就会赢得大多数人的爱戴。也就是说，在为人处世中，要想赢得友谊，就必须付出你的真情，要用你的真情打动你周围的每一个人。

某事业单位有一个叫李华的小伙子，他模样忠厚老实，不管谁看到他，都觉得这个小伙子很实在，一脸善相。所以，他刚进单位工作的时候，跟同事相处得很好，聊得也投机。大家一高兴，凑了点钱，就给他举行了一次欢迎宴。在酒宴上，李华豪爽地连干数杯，在感谢众人美意的同时，许下承诺：“第一个月的薪水发下来之后，我一定请诸位去省城最好的饭店大吃一顿。”众人也都竖起大拇指，说他前途一定无量。

两个月很快过去，薪水都发过两次了，同事们数次对他进行暗示，李华充耳不闻，当初答应的还请一事，早就被他抛到脑后了。在他看来，那个承诺不过是随口应酬的客套话而已，不足必在意。但是在别人眼中问题就不是那么简单了，初来乍到就一点不真诚，竟敢玩虚的、说话不算数！同事们黑了脸，认定这小子是个大滑头，于是让他负责最烦心的工作。

做人不真诚，总是华而不实，朋友就会疏远你。敷衍和欺骗别人，可能一时得到一些好处，但长此以往，你的信誉度会降到谷底，别人不再愿意与你这样的人打交道。只有以诚待人，才能换来别人的真心回报。当然，真诚不是写在脸上的，而是发自内心的。

以诚待人是令人值得信赖的心灵之桥，通过这座桥，人们走进了彼此心灵的大门，并肩携手，合作共事。真诚实在，肯露真心，敞开心扉给人看，对方会感到你信任他，从而卸除猜疑、戒备，你就争取到了一位用全部身心帮助自己的朋友。世上任何事情都是由人来做的，在与他人打交道的过程中，如果防备猜疑被诚信真挚取代，那么，很多事情都能化难为易、迎刃而解了。

作家海明威朋友众多。他交友并不以名气为重，不少名气不大或者地道的小人物，也和他成了莫逆之交。在他的朋友中，有政治家，也有作家、画家、医生、教师，还有老板、经理、工人、警察、拳师、花匠、店员、司机、厨师和家庭妇女，等等。

为什么他有这么多的朋友呢？原因就是他对任何人都很真诚。“朋友”二字，对他来说至高无上。在家中，他不爱说话，相当严肃，可在朋友面前的时候，他的话相当多。只要朋友一来，他便废除一切给自己写作、给家人规定的戒律，一切都围绕朋友转。可以说，他家的客厅，他的时间，他的心永远是向朋友们敞开着的。远方的朋友来拜访，海明威都要约至餐馆相聚，这也是他的习惯。

他住处附近不少饭馆的经理、领班和厨师都和他是好朋友，每次只要他说上一两句关照的话，厨师朋友都会心领神会，立即做出一桌令客人满意的饭菜来。

海明威爱画，也爱和画家来往。虽然他参加过两次世界大战，负过伤，腿脚不便，但每次大小美展必到，还要当场掏钱买画，尤其喜欢买还未订出的画或者少有人订的画。他愿意让每个人都不受到冷落，让每个画家都受到应有的尊重。很多画家生活窘迫，他们常常拿些自己的作品来让海明威挑选。海明威绝不让他们扫兴而归，总是高高兴兴地留下一两幅，而且立即付画酬。于是，一时间他家里画家们络绎不绝。正是这样，海明威赢得了很多人的尊敬和信赖。

真诚是打开别人心灵的金钥匙。你对人真诚，别人也会真诚待你；你敬人一尺，别人自会敬你一丈。戴尔·卡耐基曾说过：“一个人只要对别人真诚，在两个月内就能结交到很多朋友，比一个要别人对他真诚的人在两年之内结交的朋友还要多。”这是交友的秘诀。交往中，只有以诚待人，才能在感情上引起共鸣，才能相互理解、接纳，并使关系进一步巩固和发展，从而获得他人的更多帮助。

总之，做人贵在真诚，只要你捧出一颗至诚的心，对方一定也会做出积极的回应。成功的人总是用真挚的情感、竭诚的态度击响人们的“心铃”，用自己的诚心去弹拨他人的“心弦”，用自己的灵魂去感染他人的灵魂。

善听者比善言者更能打动人

生活中，很多人之所以不讨人喜欢，不能给人留下良好的印象，原因是他们不能耐心地做一个很好的听众。心理学研究表明，越是善于倾听的人，与他人关系就越融洽。因为倾听本身就是褒奖对方谈话的一种方式，你能耐心倾听对方的谈话，等于告诉对方“你是一个值得我倾听你讲话的人”。所以，如果想要别人喜欢你，你应坚守的原则是：首先做个好听众，并随时鼓励对方谈谈他自己的事。

美国演员阿丽恩曾主持一档名为《我是做什么的》的电视节目。她请来一位观众，向他提出问题，然后从中猜出他的职业。该节目办了25年。刚开始办时，阿丽恩对怎样提出生动有趣的问题不得要领，后来她的丈夫对她说：“看你们的节目时，我感到你不能傻等在那里只想提问，而应细心倾听别人在讲什么。最关键的是，你要学会积极主动地倾听。”

阿丽恩接受了丈夫的建议，她说：“这的确是个有效的方法，通过悉心品味他们的谈话，我变得精于此道了。此后，耐心倾听成了我工作的主要内容。”

阿丽恩认为，倾听的作用绝不仅仅是获得信息，还是与你周围的人们友好相处的一个途径。她从一个70多岁的老妇人身上也感受到了这一点。

阿丽恩经常在一个杂货店遇到一位老妇人，她深色的双眼充满了戒备和渴望。她见到阿丽恩时，总是喋喋不休，唠叨个没完。有时，阿丽恩自己心情不好，也不得不耐着性子听下去。

“我要去阿肯色了，”一天，老妇人对阿丽恩说，“那里春季的高温气候对我的关节炎有好处，不过我会很快回来的，免得你惦念。”

“只有您一个人去吗？”阿丽恩问道。

“对，只有我一个人。”她说，“我是个孤老婆子，独居很久了。可我遇到了许多像你这样的好人，他们愿意听我唠叨。”

阿丽恩意识到，老妇人就是用到处与人交谈的方式来充实自己晚年枯燥的生活的。聆听的耳朵，就是老妇人的需求，阿丽恩的耳朵不仅仅属于她自己。从那以后，阿丽恩在与陌生人打交道时，都尽力让自己积极耐心地倾听。

由此可见，专注认真地倾听别人谈话，向对方表示你的友善和兴趣，这样做的最大价值就是深得人心，能使彼此感情相通、休戚与共，增加信任度。

倾听是人际交往中一项很重要的制胜法宝。教育家卡耐基说：“做一个听众往往比做一个演讲者更重要。专心听他人讲话，是我们给予他的最大尊重、呵护和赞美。”一个在人群中滔滔不绝的人或许很容易得到大家的尊敬和钦佩，可是一个懂得倾听并善于鼓励别人的人，能更容易得到他人的好感和信任。

世上许多人之所以不能给人留下良好的印象，正是因为他们不能耐心地做很好的听众。事实表明，倾听有时候胜过诉说。做个好听众、注意倾听，这是一门艺术。世界著名的记者迈克逊说：“不肯留神去听人家说话，是不受人欢迎的原因之一。通常，他们只关心自己该怎么说下去，根本不管别人要说什么。要知道，世界上多数人都喜欢乐于倾听的人，很少有人喜欢那些不停地说自己的人。”每个人都认为自己的声音是最重要的、最动听的，并且每个人都有迫不及待地表达自己的愿望。在这种情况下，友善的倾听者自然成为最受欢迎的人。

有一位法官曾审理过一起出版合同纠纷，一位老作家因为稿酬问题将出版社告上法庭。根据案情，这位法官认为调解对双方，特别是对老作家有利。因为打官司费钱又费力，个人不能与单位比。但他多次建议双方调解，都没有效果。

老作家对出版社怨气很大，但他显然对法律了解不多，开庭时只是反复就一两个问题进行阐述。尽管他遣词造句颇具诗歌或散文的味道，可车轱辘话来回说，谁听着都烦。旁听席上渐渐有人打起瞌睡，甚至有人起身离去。可法官一直静静地听着，不打断老作家的话。

庭审进行了三个多小时，直到双方再无话可说，法官才又向双方解释了出版合同的法律规定，指出双方在合同履行中的不当之处，并再次提出调解的建议和基本方案。

老作家听完法官的话，半晌没说话。最后，他突然表示愿意接受调解。

“法官大人，矛盾发生以后，你是第一个完完整整听完我讲话的人。”老作家诚恳地说，“你对我的尊重使我信任你，你说怎么办就怎么办。”

俗话说：“善言，能赢得听众；善听，才能赢得信任。”倾听是金，我们需要学会倾听，让倾听成为一种习惯，这也正是上天赋予我们两只耳朵一张嘴巴的意义所在。让我们养成倾听的习惯，做一名倾听者，听出教养，听出责任，听出诚意，听出信任，听出人类更加和谐美好的未来。

但值得注意的是，倾听并不只是单纯地听，而应真诚地去听，并且不时地表达自己的认同或赞扬。倾听的时候，要面带微笑，最好别做其他的事情，应适时地以表情、手势、点头表示认可，以免给人敷衍的感觉。

总之，善于倾听是人不可缺少的素质之一，是人与人交往的一个必要前提，学会倾听能正确完整地听取自己所要的信息，而且还会给人留下认真、踏实、尊重他人的印象。

记住对方的名字很重要

在人际交往的过程中，记住对方的名字很重要。这是一种礼貌。如果你能够记牢对方的姓名，你就可以快速拉近彼此的距离，使对方对你产生良好印象。

有人问某著名的人际关系专家：“世界上最美妙的声音是什么？”他的答案是：“听到自己的名字从别人的口中说出来。”可见，记住对方的名字是极为重要的。这既表现出了你对对方的重视，同时，也让对方感到你的亲切，如此一来，对你的好感也就油然而生。抓住了对方的这一心理，你也就轻松地赢得了交际的第一回合了。

办公室的门打开了，王总从里面探出身来，一指小张说：“那个谁……”小张指着自己连忙答道：“小张。”王总点点头说：“噢，小张，你来一下，把这里的文件搬到吕组长的办公室里去。”小张很快就将文件送过去了。

不一会儿，经理的门再次打开，王总又喊：“那个谁……”小张说：“小张。”“哦，对，小张，你帮我找刘主管要两份空白的客户合同。”小张点了点头，不一会儿就把空白的合同送到了王总办公室里。

小张正要离开，正埋首办公的王总，偶一抬头，看到小张，叫道：“那个谁，你先别……”小张打断王总说：“王总，我是小张，请记住叫我小张，而不是‘那个谁’。”

王总一愣，有些尴尬地说：“对不起，不好意思，我这会儿太忙了，一时间忘记了你的名字。实在很抱歉。小张是吧？下次我一定会记住的。”

可见，记不住对方的名字是一件多么尴尬的事情啊！通常能叫出对方的名字，会使对方感到亲切、融洽；反之，对方会产生疏远感、陌生感，从而加大了彼此之间的隔阂。

俗话说：“人过留名，雁过留声。”姓名是人的标志，人们出于自尊，总是最珍爱它，同时也希望别人能尊重它。美国前总统罗斯福说过：“交际中，最明显、最简单、最重要、最能得到好感的方法，就是记住人家的名字。”踏入社会和人交往的第一秘诀就是记住他人的名字，因为记住名字，是尊重一个人的开始，也是与人有效沟通的第一步。

英国女诗人布朗宁曾在她的文集中写道：“美丽的花朵，需要的不是攀摘而是欣赏；沉默的木炭，需要的不是珍藏而是燃烧；一个人的名字，需要的不是忘却而是记忆。”记住别人的名字，不仅传递了你对别人的尊重，满足了人类基本的心理需求，拉近了人与人之间的距离，产生其他礼节所达不到的效果，也体现了你的知识、涵养和魅力所在。

在一家公司的员工年会上，上任不到半年的总经理举着盛满红酒的玻璃杯，走到员工的餐桌前和大家干杯。大家看见总经理来在面前，不约而同地都站立了起来，以示尊重。然而这位总经理大声说道：“尊敬的员工们，现在我提议，我站着，大家坐着，当我叫出谁的名字的时候，就请谁站立起来，和我碰一下杯，至于酒嘛，就请随意地喝一口，谁也不要勉强，好吗？”

大家异口同声地同意后，都眨巴着疑惑的眼睛看着总经理，他难道真能叫出每一位员工的名字？要知道，参加年会的员工有360位。这时，只见总经理举着酒杯，走到一名员工面前，先是立刻非常准确地叫出这名员工的名字，接着再报出其工号，并和这名员工轻轻地碰一下杯，道一声："辛苦了，公司不能没有您，谢谢您！"他抿上一口红酒，紧紧地和这位员工拥抱一下，如果是女士，则要紧紧地握一下手，完毕了他做一个"请坐"的绅士手势，然后再走至下一名员工前。当他准确无误地叫出最后一名员工名字的时候，全体员工都不约而同地站了起来，使劲地鼓着掌，在经久不息的掌声中，360位员工的敬意目光一齐投向这位总经理。而总经理呢，似乎也被这一情景感动了，一会儿高扬着双手挥动着，一会儿又把双手握成一团，以表示最诚挚的谢意。

会后有人问总经理："你的记性怎么会这么好？竟能记住全公司每一名员工的名字？"他微笑着回答："我是公司的总经理，每天要到各个车间里实施走动管理，我命令自己每天必须要记住3位员工的容貌和他们的名字及工号，这样做不仅是对员工的一种尊重，也是和员工心灵的一种融通。因为我有这方面的体会，我以前也是一名普通员工，作为一名普通员工，让管理者感知到我的工作价值就和我的名字一样，是独一无二的，也是难以替代的，这样工作起来才会有股劲头。而作为公司总经理，应该具备这样的记忆力，能牢牢地记住每一名员工的名字以及他的工号，而且能随时随地很快地叫出每一名员工的名字和他的工号，这也许要比记那些MBA（工商管理硕士）教材里的名词术语管用得多。"

善于记住别人的姓名是一种礼貌，也是一种感情投资，在人际交往中会起到意想不到的效果。一位学者曾经说过："一种既简单但又最重要的获得好感的方法，就是牢牢记住别人的姓名，并且在下一次见面时喊出他的姓名。"

总之，如果希望新朋友迅速和你建立关系，其中的诀窍就是：先记住他的名字。对他来说，这是任何语言中最甜蜜、最重要的声音。

尊重他人是成功社交的第一法则

交往艺术的核心在于对别人表示尊重。古人云：“尊人者，人尊之。”只有尊重自己的交往对象，对方才会尊重你。在互相尊重的氛围下，交往才能顺利进行。所以，人与人之间的交往，都应建立在真诚与尊重的基础上。

尊重他人是一种高尚的美德，是个人内在修养的外在表现。哲学家威廉·詹姆士说过：“潜藏在人们内心深处的最深层次的动力，是想被人承认、受人尊重的欲望。”渴望受人喜爱、尊敬、崇拜，这是人类天生的本性。但是，有取必有予，我们希望获得些什么，也就必须首先付出些什么。我们希望获得别人的尊重，这就要求我们每一个人都要先学会尊重他人。

阿尔伯特和妻子维多利亚女王感情和谐，但是也有不愉快的时候，原因就在于妻子是女王。

有一天晚上，皇宫举行盛大宴会，女王忙于接见贵族王公，却把她的丈夫冷落在一边。阿尔伯特很生气，就悄悄回到卧室去了。不久，有人敲门，阿尔伯特很冷静地问：“谁？”敲门的人昂然答道：“我是女王。”

门没有开，房间里没有一点动静。女王离开了，但她走了一半，又回过头，再去敲门。阿尔伯特又问：“谁？”女王和气地说：“维多利亚。”

可是门依然紧闭，维多利亚气极了，想不到以英国女工之尊，竟然还敲不开一扇门。她带着愤愤的心情走开了，可走了一半，想想还是要回去，于是又重新敲门。阿尔伯特仍然冷静地问："谁？"女王委婉温和地说："你的妻子。"

这一次，门开了。

这个故事告诉我们，即使面对最亲近的人，也同样需要尊重。只有真正学会尊重他人、尊重身边的每一个人，才能得到他人的尊重。

尊重是人际交往的桥梁。没有尊重的交往是不可能持续下去的。只有相互尊重，才能相互认可，在此基础上才能体验对方的心情，让对方乐于接受。

"己所不欲，勿施于人"，这是尊重他人的基本原则。在人与人之间的交往中，你待人的态度往往决定了别人对你的态度。如果你能以平等的姿态与人交往，对方会觉得受到尊重，而对你产生好感；相反，如果你自觉高人一等、居高临下、盛气凌人地与人交往，对方会感到自尊受到了伤害而拒绝与你交往。

有一个人想用零钱坐公交车，看到旁边有一个报刊亭，于是扔给卖报老人一张百元大钞，傲慢地说："赶紧找钱！"卖报老人非常生气，说："我可没工夫给你找钱。"说罢，老人就夺回了那人拿在手里的报纸。那人很生气，可也没有办法。

这时，第二位顾客也遇到了类似的情况，不过他就比第一个人聪明多了。只见他笑眯眯地走到报摊前，对老人恭敬地说："大爷，我碰到了一个难题，您能不能帮我一下？我现在要去坐车，没有零钱，可我真的想买份报纸，只有一张百元钞可以吗？"

老人笑了，温和地说："我今天刚开张，零钱真不多。不过冲你这态度，还是卖给你吧！"说着，就把一份报纸塞进他的手里。

第二位顾客之所以能成功换来零钱，就是因为他对卖报老人很尊重，所以打动了对方。

生活中时时刻刻都需要我们学会尊重。“人不如己，尊重别人；己不如人，尊重自己。”无论身处何位，尊重别人与自我尊重一样重要。一个人只有懂得尊重别人，才能赢得别人真正的尊重。

任何人都有自尊和被人尊重的需要。如果你不能满足他人的这种最基本、最简单的需要，那么他人肯定不愿意与你相处。一句古语说得好：“君子敬而无失，与人恭而有礼。”只有互相尊敬才能互相受益。

尊重他人是一个人修养好的表现，是一种文明的社交方式，是建立良好的社交关系的基石。我们活在这个世界上，人人都需要别人的尊重与认可，当你主动尊重别人，给人以真诚、温暖与鼓励的时候，他们也将用同样的方式对待你。

第七章

用心经营，保持良好友情的秘诀

克服猜疑心理，对人多一份信任

人在社会生活中与别人交往，由于自身的或外部的原因，很有可能对人产生猜疑。它好似一条无形的绳索，会捆绑我们的思路，使我们远离朋友。如果猜疑心过重的话，就会因一些可能根本没有或不会发生的事而忧愁烦恼、郁郁寡欢。猜疑者常常嫉妒心重，比较狭隘，因而不能更好地与人交流，其结果可能是无法结交到朋友，变得孤独寂寞，对身心健康都有危害。

有一对孪生兄弟，从小感情特别好。这对孪生兄弟长大后，就在父亲经营的店里做事，直到父亲去世，他们两兄弟就共同接手并经营这家店。

生活一直都很平静，直到有一天店里丢失了一美元后，他们的关系开始发生了变化。有一次，哥哥急着外出办事，把刚刚赚到的一美元放在店里就出去了，留下弟弟照看商店。当哥哥回来的时候，却发现这一美元没有了，就问弟弟看到这钱没有。弟弟回答："没有。"哥哥说："钱是不会自己跑走的，我认为你一定会看到那一美元的。"他语气里带有强烈的猜疑意味。从此，兄弟的手足之情出现了隔阂，后来严重到分家的地步，兄弟俩用砖墙把商店一分为二，各做各的生意。直到20年后的一天，一个当年的流浪汉来到这里，向他们忏悔了从店里拿走一美元的往事，才使兄弟俩冰释前嫌，在商店门口相拥而泣。

20年的隔阂，20年的痛苦！就在一瞬间得到了化解。亲兄弟的反目成仇竟源于对一美元的猜疑。

从心理学上讲，猜疑心理是一种由主观推测而对他人产生不信任感的复杂情绪体验。它是人性的弱点之一。一个人一旦掉进猜疑的陷阱，必定处处神经过敏，事事捕风捉影，对他人失去信任，对自己也同样心生疑窦，损害正常的人际关系。

猜疑是一种可怕的心理误区，因为猜疑会破坏人与人之间最宝贵的东西——信任，引起对方的反感和抵触，这就暗藏着彼此关系破裂的危险。它像一片阴暗的沼泽地，使人越陷越深，甚至失去理智。有了猜疑之心，对待朋友，看待事实，就不能从客观实际出发，进行合乎逻辑的判断、推理，而是凭借一点表面现象，主观臆断，随意夸大，进而扭曲事实，得出一个不切实际的结论；或者先入为主，设定框框，然后察言观色，甚至无中生有，把幻觉当真，把一些毫无关系的现象也当作事实材料，生拉硬拽来当作证据。自古以来不知有多少人因为猜疑疏远了朋友，中断了友谊，甚至毁掉了事业。

东汉末年，曹操在洛阳刺杀奸贼董卓未遂而逃离洛阳，路经中牟县，当时的中牟县令陈宫感其忠义，从其而逃。两人来到大吕村时，已经夜幕降临，曹操就和陈宫投奔居住在这里的吕伯奢。吕伯奢是曹操的义叔，非常热情，他说："家中没有好酒，容往西村沽酒一樽来相待。"说完，他匆匆骑上驴而去。曹操和陈宫坐在屋里等了一会儿，听见有人说："捆住之后再杀，如何。"曹操就怀疑吕伯奢要杀自己，就说："今若不先下手，必定要遭其擒获。"他就和陈宫拔剑冲过去，不问男女，见人就杀，连杀了八个人，搜到厨房，见到一头猪被捆而欲杀，这才明白吕家是要杀猪款待他俩。陈宫悔恨地说："孟德多心，误杀好人！"曹操拉着陈宫急忙出庄上马而行，刚走了两里多路，见吕伯奢骑驴带着两瓶好酒和许多果菜回来了，看到曹操和陈宫两人，他笑着叫道："贤侄为什么要匆忙离去？我已经吩咐家里人宰一头猪款待你们！”曹操也不说话，策马就走，走了几步，忽然拔剑回身，对吕伯奢说：“那边来的是谁？”吕伯奢回头看时，曹操挥剑把吕伯奢砍杀于驴下。陈宫惊叫道：“刚才我们已经错杀了八个人，你为什么又杀了你的义叔？”曹操说：“吕伯奢到家，必将大怒而追杀我们，不如及早杀之。”陈宫因此认定曹操是不义之人，于是离他而去。

曹操是一个生性多疑的人，“宁我负人，毋人负我”，每个人他都不相信，因此很多能人都离他远去。他就是吃了猜疑的亏，猜疑实在是害己又殃人。

猜疑心理是人际关系的蛀虫，既损害正常的人际交往，又影响个人的事业成功。培根曾说过：“猜疑之心犹如蝙蝠，它总是在黄昏中起飞。这种心情是迷惑人的，又是乱人心智的。它能使你陷入迷惘、混淆敌友，从而破坏你的事业。”

那么，应该怎样克服猜疑心理呢？可参考以下建议。

1.培养自信心

每个人都应当看到自己的长处，相信自己会与周围的人处理好人际关系，会给别人留下良好的印象。当我们充满信心地工作和生活时，就不用担心自己的行为有问题，也不会随便怀疑别人是否会挑剔、为难自己。

2.以事实为判断依据

当你猜疑他人有讽刺你、轻视你的举动时，你不要马上回击对方，而是要先弄清事实真相，也许你会发现，事实和你猜想的并不一样。所以，在猜疑他人时，要多做观察，善于调查研究，保持冷静客观的态度，观察、分析、思考问题，这样才能逐渐远离猜疑。

3. 进行积极的自我暗示

当发现自己正在猜疑时，马上暗示自己，不要想多了，凡事往好处去想，无论别人说什么，有则改之，无则加勉；或者想一些其他快乐的事情，将思维转移，不要让自己陷入猜疑中，让自己纠结不快。

4. 开诚布公，信任别人

通常，人们对自己信得过的人，不容易产生猜疑；反之，越是自己不信任的人，越容易疑神疑鬼，总以为别人在同自己作对。因此，疑心重的人应该特别注意同别人坦诚相处，有了彼此间的信任，猜疑的基础就不存在了。如果对某人一旦产生了猜疑，则更应如此，可以主动地与对方接触，开诚布公地谈一谈，互相交心。这样不但可以消除误会、驱散疑云，还能增进彼此之间的友谊。

5. 无视“长舌人”传播的流言

猜疑之火往往在“长舌人”的煽动下越烧越旺，致使人失去理智、酿成恶果。因此，当我们听到“长舌人”传播流言时，千万要冷静，谨防受骗上当，必要时还可以当面给予揭露。

总之，在生活和工作中，我们要减少猜疑，学会信任别人。少一份猜疑，多一份信任，成功的道路就会在你的脚下铺就。

亲密有“间”，给彼此一些自由和空间

有一则古老的哲理故事：

一群豪猪想要相互取暖，然后就紧贴着，但是它们身上的刺会扎到同伴，也会被同伴刺痛。起先它们就这样忍受着痛苦，到后来，它们慢慢找到了一个合适的距离，既能互相取暖，又不会被刺痛。这就是有名的“豪猪理论”，也叫“刺猬效应”。

豪猪的取暖方式告诉我们，要想温暖别人和自己，又不至于刺痛别人和自己，就应该与人保持恰当的距离。这就是人际交往的“距离法则”，也就是所谓的“距离产生美”。

距离为何会产生美呢？从心理学的角度来讲，主要是因为距离可以使人们宏观地把握事物，它能够带给人们未知的神秘，能够引发人们的美好幻想。这就是人际交往中的“心理距离效应”。的确，在人与人之间的交往中，应该给彼此留有一定的余地和相应的心理距离，否则，再好的关系也会就此破裂。生活中，我们经常可以见到这样的事情，两个十分要好的朋友，整天亲密无间，日子久了，彼此的缺点都暴露出来了，在自觉不自觉间两个人的关系变得渐渐淡漠起来。由此可见，人与人之间保持一定的距离是十分必要的。

再亲密的两个人，也要保持各自的私密空间。无论是什么样的朋友，无论关系多么密切，距离都是非常重要的。莫洛亚曾说过：“朋友间保持适当的距离，能给双方美化升华的机会。”如果希望友谊长久而稳定，你就要把握好交往的分寸。过于亲密或者疏离，都不利于长久地保持友谊。

刘敏把柳燕看成比一日三餐还重要的朋友，两人同在一个合资公司上班，由于劳动纪律非常严格，她们的交谈机会很少。但她们总能找到空闲时间聊上几句。

下班回到家，刘敏的第一个任务就是给柳燕打电话，一聊起来能达到饭不吃觉不睡的地步。

星期天，刘敏总有理由把柳燕叫出来，陪她去逛街、购物、吃饭。柳燕每次也能勉强同意。刘敏可不在乎这些，每次都兴高采烈，不玩一整天是不回家的。

柳燕是个有上进心的姑娘，她想在事业上有所发展，就偷偷地利用业余时间学习电脑。星期天，柳燕刚背起书包要出门，刘敏打来电话要她陪自己去商场买衣服，柳燕解释了大半天，刘敏才同意柳燕去上电脑班。可是柳燕赶到培训班，已迟到了15分钟，心里好大的不痛快。

第二个星期天，刘敏说有人给她介绍了个男朋友，非逼着柳燕一起去相看相看。柳燕说："不行，我得去学习。"刘敏怕柳燕偷偷溜走，一大早就赶到柳燕家死缠烂打，柳燕没上成电脑班，最终刘敏的男朋友也吹了。柳燕郑重声明，以后星期天要学习，不再参加刘敏的各种活动。

刘敏一如既往，满不在乎，她认为好朋友就应该天天在一起。有时星期天照样来找柳燕，柳燕为此躲到亲戚家去住。这下刘敏可不高兴了，她认为柳燕是有意疏远她。刘敏说："我很伤心，她是我生活中最重要的人，可她一点也觉察不到。"

刘敏的错误在于，首先是她没有觉察到朋友的感觉和想法，过密的交往几乎剥夺了柳燕的自由，使柳燕的心情烦躁，不能合理地安排自己的生活。所以说，再好的朋友也需要保持一定的距离，给彼此留有一些空间，有时太过亲近，不小心失了分寸，就会造成彼此的紧张和伤害。

朋友之间保持一定的距离，为的是使自己的友谊之花开得更长久，如果你有了自己的"好朋友"，与其因为太接近而彼此伤害，不如适度保持距离，以免碰撞，而且还能增进双方的感情。所以，保持一定距离就是给自己留出一个空间，也给对方留出一个空间，每个人都有了自己的空间才会和谐相处。

周梅和王慧是公司里的同事，也是生活中的好朋友。两个人合租了一间次卧，每天一起上班、下班，简直形影不离，亲密无间，让外人看了分外"眼红"。她们关系这么好，应该不会发生矛盾吧？但事实恰好相反，两人隔三岔五地闹别扭。

有一次，周梅想去逛街，王慧想在家里睡觉，但是周梅非拉着王慧去逛街，还说：“你没睡过觉啊？好不容易过周末，你还把时间都浪费在床上！”

王慧很生气，说：“我睡觉关你什么事啊？你自己去逛街啊，为什么拉着我一起去？”

周梅说：“我逛街要买我们的生活用品啊，难道我买的你不用吗？”

王慧说：“你爱买不买，烦不烦啊？我想睡觉也不行吗？”

就这样，两人斗了几句嘴，最后周梅气哼哼地去逛街了。

类似的事情不止这一次，最后王慧忍受不了，只好搬了出去，单独租了一间房子。当她和周梅的交往距离拉开之后，两人的关系反而好转了，周梅不再强迫王慧做她不愿做的事情。两人正常交往，有礼有节，彼此都很愉快。

要想维系长久的友谊，就要与朋友保持距离，多给朋友一些空间。所谓“保持距离”，简单地说，就是不要过于亲密，一天到晚形影不离。也就是说，心灵应贴近，但形体应该保持距离。如此一来，能使双方产生一种“礼”，有了这种“礼”，就会相互尊重，避免碰撞而产生伤害。所以说，距离是一种美，也是一种保护。朋友之间应该适当保持距离，这样做不仅仅是为了自身，更是为了友谊的长久。

常来常往，平时注重联络感情

在现代繁忙的工作生活中，有事之时找朋友，人人都会想到，而无事之时找朋友，变得越来越少。也许你会有这样的经历：当你面临一种困难时，你认为某人可以帮你解决，你本想马上找他，但你又一想，过去有许多时候，本来应该去看他的，结果你都没有去，现在有求于人就去找他，会显得太唐突了，甚至会因为太唐突而遭到他的拒绝。在这种情形之下，你不免有些后悔。

小许的朋友比较少，算得上知己的也就三四个，其余一些不怎么亲密的朋友也远在他乡，平时很少联系。要说这些“姐们”还是上大学时建立起来的深厚友谊，毕业后，大家忙着找工作，就各奔东西了。目前和小许留在一个城市里的朋友，只有那么几个，屈指可数。刚毕业的那会儿，大家还对彼此的友谊怀有深深的依恋，有空的时候打个电话聊聊天、诉诉苦，或者发个电子邮件表达一下自己的思念。时间长了，大家似乎对彼此联络不那么热衷了，可能是因为忙于工作，可能是因为顾及家庭，总之，种种情况使得彼此的热情渐渐地降了温。“既然大家都在忙，那我也不打扰了。”小许这样想着。于是，一个月通一次电话，变成了三个月问候一次，渐渐地又变成半年联系一次，最后竟然成了每年只在过年期间互相祝贺，道一声快乐。有一次，单位的一个同事有事请小许帮忙，小许想到远在外地的一个朋友能够借上力。“可是，都一年多没联系了，一下子冒昧地找人请求帮助，人家会乐意吗？”小许犯了难，只怪当初自己没有经常和朋友保持联系。

朋友关系的维系来自自己的努力。在与朋友分开之后并没有经常性的联系，那关系之好就无从谈起。生活中，很多人都会因为各种原因疏忽了和朋友的联系，总觉得反正是朋友，应该会理解的。事实上，等真的需要帮助的时候，才发现原来的朋友因为缺少联系关系都变得淡漠了。

俗话说得好：“平时多烧香，急时有人帮。”人与人之间的感情是日积月累形成的，朋友最不愿接受的情况是当你用得着他的时候抱着礼品甜言又密语，用不着时一脚踢开形同陌路。所以不要等到需要获得别人帮助时才想到别人。时常联系朋友，会让对方觉得你始终都在关怀他，认为你始终将他放在心上。而这样的有心人一般都很受朋友的欢迎，若你遇到困难时，朋友们也一定会努力帮助你渡过难关。

刘某是一家公司的老板，经过几年的辛苦经营，现今虽说没有千万，但至少也有七八百万家财了。到底是什么原因使他在短短几年内拥有数目可观的资产呢？

在一家报纸记者采访他时，他说了这样一段话：“……自身的努力与勤奋固然是我成功的关键因素之一，但还有一点也是非常重要的：我的朋友很多，还在我未发迹时，就经常拜访他们，以致彼此间关系都特别好。后来，在公司小有规模后，我仍经常性地与他们保持联系，正是因为这种密切来往，我的朋友们都对我非常不错。刚创业的时候，资金有一半是由他们筹借；办公司遇到困难时，也有他们的帮助与鼓励；他们中的一些人，现在也在我的公司里帮我的忙，是我得力的助手……总之，在各种人际关系中，我最注重的就是朋友关系，也正因为我的经常性走动，我才有今天的成就……”

在刘某的谈话中，我们可以很直接地看出，常来常往在朋友关系中的重要性。

在生活中，我们少不了要与人来往，结交些朋友。好朋友之间常常来往，当自己遇到困难的时候，这些好友才会在第一时间赶过来给予帮助。“来往”虽然只是两个简单的字，却是一门社交艺术，只有像刘某这样善用心思的聪明人，才能达到增进感情的目的。所以说，朋友之情重在联系，如果平时不联系，时间会冲淡一切，很多原本牢靠的关系就会变得松懈，即使关系再好的朋友也一样。

其实，人际交往是一个互动的过程，长时间不联系，感情的交流就会停滞甚至倒退。再好的感情也需要不断地经营维护，只有平时与朋友多联系，才能巩固并增进相互之间的感情。所以，建立“关系”最基本的原则就是：不要与人失去联络。如果你们生活在同一个城市，那么经常见面是最好的联系方式，不妨在下班后、节假日约三五个好友小聚一下，喝喝酒、吃吃饭、聊聊天、叙叙旧、诉诉苦，不但可以给心灵一个停泊的港湾，获得难得的愉悦，还能加深彼此的感情。如果你们生活在不同的城市，或者彼此很忙，那么打电话、发短信就是最方便的联系方式。

总之，千万不要让自己和朋友失去联系，也不要让你的通讯录落上尘土，要时刻记得，朋友是可以陪伴你一生的好帮手。只要你有这份心、这份情，能够真诚地维持分开之后的朋友关系，那你的人际面会更加广泛，路子也会比别人多出几条。

朋友伤心时，安慰的话要说到对方心里

人人在生命中都有低潮期。当他人遭受挫折或者不幸的时候，你可以以真诚的安慰来抚平他受伤的心灵，一句发自内心的话，往往会胜过平时的千言万语。

在日常生活中，当一个人遇到困难时，处于孤立无援的境地，产生灰心丧气、郁闷烦躁、凄凉痛苦等失意情绪，其心理落差很大，对人情冷暖有了深刻的体验。此时，你不能袖手旁观，而应该及时地去安慰他，给予适当的鼓励，使其振作起来、渡过难关。这样，不仅可以赢得对方的信任与感激，而且可以密切相

互之间的关系，创造一段牢靠的友谊。

有一次，吉布提向一位朋友诉苦，说他历经十年的笔墨生涯，至今还无力去购置一张宽大的书桌，使他能舒适地工作。吉布提的朋友听了，却安静地说了一句比单纯的同情更为诚挚的话，他说："世界上的伟大杰作都是从小书桌上产生的。"这寥寥几个字，使吉布提立刻觉得受到无限的安慰，朋友使吉布提不再因书桌狭小而沮丧，还暗示吉布提的未来有着无穷的希望，也许会完成一部不朽的著作。吉布提至今还认为这是他所听到过的最好的一句安慰话。

安慰他人是一种捕获人心的最好方法。俗话说："你也许会忘记与你一起笑过的人，但不会忘记与你一起哭过的人。"当对方遭遇生活或工作上的困难时，你若能敏感地发现，并及时给予热情的关心，想方设法排忧解难，使他脱离困境，对方对你自然充满感激。

张经理的儿子刚刚经历了一次人生的重要转折——高考。孩子人生的关键时刻，是全家希望的焦点所在。孩子之前备战甚为艰苦，然而成绩出来后因几分之差与心目中的重点大学失之交臂，张经理非常沮丧。此时，作为他的下属，该怎样安慰他呢？

下属小王，进公司不久，活泼热情，主动性强。见张经理这么沮丧忍不住安慰说："经理，不要难过了，其实考不上重点大学也不是什么绝望的事情，是金子到哪儿都能发光，你看我上的也不是重点大学，现在不也挺好吗？"

下属老徐，人近中年，阅历丰富。见经理沮丧，安慰道："经理啊，你的感受我能理解，你看，你们全家尤其是孩子花了那么多心血备考，考不上确实很可惜，但也别太难过了，还是想想看有没有其他办法，看看有什么亲朋好友认识学校的人，说不定有办法让孩子能读上重点大学呢。别急别急，办法总比困难多。”

如果你是领导，你会比较喜欢哪个人的安慰呢？两位下属的安慰正好代表了两种安慰方法。小王的安慰属于消极对比的安慰，而老徐的安慰属于积极进取的安慰。相对于小王来说，老徐的安慰更给了领导一些积极的希望，就算张经理最后没能找到解决儿子读大学的方法，相信他也是非常感谢老徐的。

有时候，人在最软弱、最需要安慰时，几句贴心的话，会使彼此的感情更加融洽。但在安慰时，一定要注意各种安抚技巧的运用，从而达到理想的效果。

1. 针对不同的情况给予不同的安慰

如果你的朋友面临事业上的不如意，你就需要对其强烈的事业心给予充分理解、支持。这个时候，理解应多于抚慰，鼓励应多于同情。你就不必劝慰对方忘掉忧愁、痛苦，更休想说服对方随波逐流，放弃他的理想、追求。最好的安慰，就是帮助对方总结经验教训，分析所面临的诸多有利与不利条件，克服灰心丧气的情绪，树立必胜的信念，并共同探索通向事业顶峰的光明之路。

如果你的朋友失恋或离婚了，这时，你应该耐心地听他倾诉，但不要轻率地指出两人中的任何一方有什么不对之处，倾听就是你最应该做的。你的倾听就是对他的安慰，要知道或许过多地参与评判也许正好刺到对方的痛处。当然，如果失恋或离婚的是你的女性朋友，不妨邀请她跟你一起逛街。开始你可以借口请她帮你挑一条裙子，发展到后来可能是她也买了一堆衣服，坏心情就转好了。或者你也可以请她吃东西，美味的食品能很好地调适内心的沮丧。或者请她帮忙，让她有事情干不至于闲着想那些事情。

如果你的朋友受到批评时，你千万不要幸灾乐祸，或仍兴高采烈地说笑，这是对方最反感和恼火的。本来挨了批评，心中很不高兴，你却在旁边无动于衷，依旧说笑，这两者之间的反差，会使对方的心理更不平衡。对方会认为你对他缺乏感情，这样他对你的印象就可想而知了。此时，你应对他表示同情，或者附和他的观点，显出一副鸣不平的样子，以使他的心灵得到安慰，也使他觉得自己有“知音”；或者对他进行劝解，如说“不要和他一般见识”“宰相肚里能撑船”等宽慰的话，以消解他的火气。

如果你的朋友不幸身患重病，你不必过多谈论病情。你应该多谈谈病人关心、感兴趣的事情，以转移对方的注意力，减轻精神负担。如果你能尽量多谈点与对方有关的喜事、好消息，使他精神愉快，更有利于早日康复。

2. 要注意语气的运用

安慰他人的时候要注意自己的身份，不能太过随意，也不能使用怜悯的语气，这会让对方感到自尊心受挫，还会误以为你在嘲笑他，看他的笑话。安慰时，最好语气委婉一点，音量要适中，音量太大了，会让对方觉得烦躁；太小了，又听不清楚。

3. 安慰是同情，但不是怜悯

同情是一种真心实意的善良心情，彼此应站在完全平等的地位上交流思想感情，给对方精神上、道义上的支持，并分担对方的感情痛苦。与之相对的是，怜悯不是平等的思想感情交流，不是精神上、道义上的敬赠，而是一种上对下，尊对卑、强者对弱者、胜者对败者、幸运者对不幸者的感情施舍。

同情的话语中要有劝慰也有鼓励，语气低沉而不乏力量，而且尽量不当面说出“可怜”“倒霉”等词语。怜悯的话语，只有一味的悲伤，语气低沉、无力，而且把“可怜”“倒霉”等词语经常挂在嘴边，仿佛在欣赏、咀嚼对方的痛苦。所以，你应该记住的是，安慰需要同情，但切不可怜悯。

4. 运用善意的谎言进行安慰

善良的谎言，有时胜过不该说的真话。在安慰别人时，适当的谎言往往能起到意想不到的作用。这里所说的谎言，当然是指善良的谎言，即为了减轻不幸者的精神痛苦，帮助不幸者重振面对生活的勇气。比如对于本来就感情脆弱、意志薄弱、身体虚弱的不幸者，其心灵已经伤痕累累，不堪重负。如果再如实地将他所面临的噩耗讲出来，对方就有可能因承受不住沉重的打击而一蹶不振，甚至危及生命。所以，在这种特殊情况下，与其立即如实相告，还不如暂时隐瞒真相。当事人以后明白了真相，只会感激，不会埋怨。即使当时半信半疑，甚至明知是谎话，通情达理者仍会感到温暖、宽慰。因为他是被关怀、爱护，而不是被欺骗、愚弄。

总之，在对他人进行安慰时，一定要掌握说话的技巧和方法。这样才能达到安慰他、鼓励他的目的，也才能让对方感受到你对他的关心，拉近彼此的关系，助你走进对方的内心。

学会宽容，让人际关系更和谐

在日常生活中，难免会发生这样的事：亲密无间的朋友，无意或有意做了伤害你的事，你是宽容他，还是从此分手，或待机报复？有句话叫“以牙还牙”，分手或报复似乎更符合人的本能心理。但这样做了，怨会越结越深，仇会越积越多，真是冤冤相报何时了。如果你在切肤之痛后，采取别人难以想象的态度宽容对方，释怀以往的误会与冲突，热情坦然地去开始新的交往，你的形象瞬时就会高大起来，你的宽宏大量、光明磊落会使你的精神达到一个新的境界，你的人格会折射出高尚的光彩。如果能够做到这些，你不仅能结交到很多知心好友，你的心胸和眼界也会在这一过程中得到扩展。

在1968年的美国大选中，基辛格是作为尼克松对手的智囊人物出现的。基辛格在吹捧自己的“老板”的同时，自然避免不了大肆攻击对手尼克松，他甚至在电台呼吁：“在所有候选人中，尼克松当总统最危险。”他还挖苦说：“建议尼克松去做副总统候选人，因为他当副总统的经验很丰富。”总之，基辛格把尼克松算是骂绝了。但是，恰恰尼克松获得了大选的胜利，当选美国第37届总统。

尽管基辛格攻击过尼克松，但尼克松抛弃前嫌，力邀基辛格加入自己的幕僚班子。他上任后，曾两次亲自约见基辛格，甚至会谈中忘记了午餐。通过交谈，基辛格改变了对尼克松的看法，更重要的是让尼克松对其委以重任。基辛格后来回忆说：“在对外政策上，尼克松比1956年以来的所有总统候选人都好。”基辛格对尼克松的宽宏大量和宽厚无私心怀好感，同时认为他识人的眼力的确高人一筹。

这一消息传开，各界纷纷赞赏尼克松的大度和气量。他的这一举措，也使得新政府一开局就赢得了喝彩，很好地提高了白宫的声誉。尼克松起用基辛格，正是看中了基辛格的才能，同时也利用了媒体的作用，改变了人们对政府的心理偏见，为新政府赢得了良好的开局。

尼克松此举表现了容人的大度，也反映了他待人的风格。元代著名文学家张养浩在《牧民忠告》中说：“同官有过，不至害政，宜为包容。”这句话的意思是说：在一起共事的人有了过错，如果没有达到损害政事的程度，应予以宽容。

宽容是为人处世的准则之一。一个宽宏大量、与人为善、宽容待人，能主动为他人着想和帮助别人的人，一定会讨人喜欢，被人接纳，受人尊重，具有魅力，因而能够更多地体验成功的喜悦。而一个以敌视的眼光看人，对周围的人戒备森严，心胸狭窄，处处提防，不能宽大为怀的人，必然会因孤独而陷于忧郁和痛苦之中。所以说，一个心胸宽阔，善于宽厚待人，容忍别人缺点的人，才能收服人心，成就人格魅力。这也是每个人应该有的处世准则。

从前，有一个人，在过年那天发现自家门外多了个非常不吉利的东西——盛骨灰的陶罐。他不知是哪个缺德的人干的“好事”。后来，他得知是一位邻村的仇人干的。他冷静地想了一想，在陶罐里种上一株百合花，花开了，他悄悄地送了回去。这一举动打破了原先的僵局。百合花的盛开化解了两家人的仇恨，同时也带去了他的仁慈之心。那位邻村仇人在一片真心面前，登门道歉，自惭形秽，他那在心中只占一小片空间的宽容意识也被唤醒了。两人的宽容之心互相交换，冤仇自然消除了。

“人非圣贤，孰能无过。”与人相处就要相互谅解，经常以“难得糊涂”自勉，求大同存小异，有度量，能容人，你就会有许多朋友，且左右逢源，诸事遂愿；相反，斤斤计较，认死理，过分挑剔，容不得人，人家就会躲你远远的。最后，你只能关起门来“称孤道寡”，成为使人避之唯恐不及的怪人。

在人与人的交往过程中，一个人是否具有宽广的胸怀，是判断他人品的重要标志之一。如果他具备宽广的胸怀，那么无论何时何地都会受到大家的欢迎；如果这个人心胸狭窄、小肚鸡肠，则很难拥有良好的人际关系。

宽容体现了一个人的素养与气度，表现了人的思想水平。一个拥有真正智慧的人，才会在心中留出一片天地给别人。当你学会宽容别人时，就是学会了宽容自己；给别人一个改过的机会，就是给自己一个更广阔的空间。

这是1939年的时候，发生在一个老农场主和一个少年身上的故事。

塞玛是一位老农场主，住在离马路尽头大约一英里（1.61千米）的地方。有一天，他敲响了少年托尼·希勒家的大门，因为他想雇人帮忙收割一块苜蓿地。这也是少年托尼·希勒第一次得到的有报酬的工作——每小时12美分。要知道这在当时已经是很不错的价格了，因为那时美国还处在经济大萧条时期。

这一天，塞玛发现一辆装满西瓜的大卡车陷在自家的瓜地中。很显然，是有人想偷走这些西瓜。塞玛说车主很快就会回来的，让希勒也在这儿看着，长长见识。不一会儿，一个在当地因打架和偷窃而臭名昭著的家伙带着两个体格健壮的小伙子出现了，他们看起来非常愤怒。

塞玛却用一副平静的口吻说道："哎，我想你们是想要买些西瓜吧？"那个男人沉默了良久，最后缓缓回答道："嗯，我想是的。你的西瓜怎么卖，多少钱一个？""25美分一个。""好吧，你帮我把车弄出来吧，我看这价格还挺合适。"

这是他们那个夏天最大的一笔买卖，并且还避免了一场危险的暴力事件。等他们走后，塞玛笑着对希勒说："孩子，如果不宽恕敌人，就会失去朋友。"

几年以后，塞玛去世了，但希勒永远也忘不了他，忘不了第一次打工时他教给自己的经验和教训。

与人交往时，应当宽宏大量，不计个人恩怨。如果你能做到宽容曾经伤害过自己的人，不但能显示出你的博大胸怀，而且还有助于"化敌为友"，为自己营造一个更为宽松的人际环境。的确，宽容是为了那些曾经侵犯过我们的人着想而做出的行为，它的最高境界是心灵的净化和升华，它使我们从中看到了非常强大的力量，还可以帮助我们恢复友谊、爱情和事业。

总之，胸怀宽广是涵养的一种体现，也是成就大事的前提。一个人如果拥有宽容之心，就会让他周围的人产生安全感与感激之情，进而靠近他、拥护他。所以，为人处世要有容人之量，这样你才会赢得更多的朋友。

留出私密空间，不打听他人的隐私

心理学研究表明：谁都不愿意将自己的短处或隐私在公众面前“曝光”，一旦被人曝光，就会感到难堪而恼怒。个人隐私可以说是每个人拥有的一块“自留地”。众所周知，在每个人的心灵深处，或多或少都有一些不可告人的秘密。如果你刨根问底去打听别人的隐私，往往会引起别人的反感。

在与人交往的过程中，有些人总是克制不住自己的好奇心，而去问别人有关个人隐私的一些问题。这样做，不仅会让自己“碰钉子”，还会给双方的交谈蒙上一层尴尬的气氛。

沈丽是某商场服装柜台的售货员，平时除了向顾客推销衣服之外，她最喜欢的事情就是打听别人的隐私。

有一次，隔壁柜台的小孙无意间向沈丽透露了对面卖鞋柜台的赵娜是个未婚妈妈，而且孩子的爸爸不知道到哪里去了。从此，王丽有事没事就跑到赵娜那里去聊天，看似很关心地问孩子的近况。

刚开始，赵娜对王丽的关心还挺感谢，毕竟关心她的人不多。渐渐地，赵娜发现沈丽越问越多，不仅问她是怎么跟孩子的爸爸认识的，还问她为什么孩子的爸爸不见了，究竟是什么原因。赵娜认为这是非常隐私的事情，就没有跟沈丽说。沈丽问了几次都无果之后，心生不满，就把赵娜的事情告诉了其他几个人。

赵娜怕自己的事情传得沸沸扬扬，赶紧把沈丽叫过来，让她不要再多说。沈丽对娜娜说："其实我也是关心你，不让我说也行，那你告诉我孩子的爸爸究竟为什么抛弃了你们娘俩？"无奈的赵娜只能吞吞吐吐地说出一些内情，还别说，沈丽还真的没有再出去宣扬赵娜的事情。但没过多久，沈丽又开始问："那孩子的爸爸现在在干什么？你们还有联络吗？"赵娜见沈丽不停追问，索性就不理她了，岂料沈丽把整件事情都传出去了。

气愤不已的赵娜在后悔之余，只能辞职离开这个是非之地。

每个人都有自己的秘密，都有一些压在心里不愿为人知的事情。在与人闲聊调侃中，哪怕感情再好，也不要随意探究他人不愿说出来的事情，更不能把别人的隐私公布于众。无数事实表明，不分场合、对象、环境和谈话内容，毫无选择和顾忌地说别人的隐私或追问别人的隐私，都是很不理智的行为，同时也会造成别人的反感。

在人际交往中，无论是同性或者是异性间，都应尊重他人，保护他人的隐私，不能强迫别人暴露隐私。尊重、真诚、宽容、信任是人际交往中非常重要的原则。

周华结婚三年，夫妻俩感情十分好，虽然平时收入不高，但生活爱好却不少。小两口比较喜欢旅游，一年出去两三回就算少的了。周华夫妻岁数都不大，也不着急生孩子，两口子也就一直采取避孕措施。好在双方父母都比较开明，理解年轻人的想法。但是有的人不理解。

春节假期，周华夫妻俩去周华的姨妈那里拜年，姨妈上来就问："今年挣了多少钱？"周华老老实实地回答，姨妈听了就说："哟，怎么才挣这么点钱啊，现在东西多贵啊，不行过年让你姨夫帮你换个工作吧。"

周华其实工作得挺开心，也觉得现在的单位挺有前途，就谢绝了姨妈的好意。谁知道姨妈接着又问："怎么还没要孩子啊？"周华本来想说不着急的，结果还没说，姨妈就说："抓紧吧，也老大不小的了。要是一直要不上，就查查。别不好意思，我们对门那两口子也是要了好多年没要上，结果查了，吃了点药，半年就要上了。"

姨妈的话把周华两口子说得面红耳赤，解释也不是，不解释也不是，最后找了个借口赶紧离开了姨妈家。

你看，当面打听和谈论别人隐私，是多么让人尴尬的事。尽管周华的姨妈本是好意，但这么说出来，当事人心里一定是不好受的。

每个人都有自己的隐私，都不希望被他人触及，不管这个"他人"同自己关系多么亲密。如果你想拥有良好的人际关系，就要多给别人一些空间，克制住自己想知道的欲望，不要过于关注别人的隐私。

人们总以为亲密的人际关系似乎不应当有什么隐私可言。其实越是亲密的关系越是要尊重隐私。这种尊重表现为不随便打听、追问他人的内心秘密，也不随便向别人吐露自己的隐私。

不论多么亲密的关系，也应彼此保留一块心理空间。如果你在无意间知道了别人的秘密，最好的处理方法就是三缄其口，即使在本人面前也要装聋作哑，把它当成自己的秘密一样守着；或者就当自己从来都没听说过一样，把它忘掉。

第八章

懂点心理学，赢得人际交往的博弈

自我暴露定律：适度的自我暴露能获得他人的好感

在人际交往的过程中，人们总想把最好的一面展现给他人，即使有不足和缺点，也本能地藏着掖着，生怕被对方知道，仿佛要是有人知道他过去的“污点”，他们的光辉形象就会大打折扣。这是完美主义在作怪。其实，在适当的时候，偶尔暴露一下缺点，会让你在人际交往中更容易让人接受你，也更能赢得对方的信任。

有一位平时在校表现并不出众，也没有多少特长的大学生到一家用人单位参加求职的面试，前来参加面试的人很多，竞争也异常激烈。但与众不同的是，他在自己的求职简历中，不仅列举了自己优点和在校期间获得的一些荣誉及奖励，还自我揭短，把个人存在的诸如做事缺乏必要的耐心、性格有些急躁以及喜欢墨守成规、不善于与人沟通交往等缺点，明明白白写在简历上。

负责招聘面试的公司人事部经理看了这份与众不同的求职简历，问这个大学生：“你为什么把自己的缺点都不加掩饰地写在简历上，难道你就不怕用人单位知道了你的短处而拒绝聘用你吗？”这位大学生非常坦然而真诚地回答：“人无完人，金无足赤，人都是有缺点的，正如明亮的太阳中还有黑子一样。我想，让用人单位知道自己的缺点甚至比知道优点更重要。而且只有把自己的缺点说出来，才能有决心和勇气去改掉！”

听了他简洁坦率的回答，人事部经理高兴地对他说：“祝贺你，小伙子，我们就需要你这样的人才，你被我们公司录取了！”就这样，勇于说出自己缺点的他，靠真诚战胜了其他竞争对手，脱颖而出，找到了一份称心如意的工作。

这就是“自我暴露定律”。适当地暴露一下个人的短处，不失为赢得他人好感的一个好办法。所以，即使你是个十分优秀的人，也大可不必去掩饰个人的一些小毛病，相反，有意无意地暴露一些缺点，会使人觉得你很真诚，更容易让人接受你。

心理学家指出，一个人适当地暴露自己一些小的缺点，至少可以达到两个目的：第一，可使人们感到他也是个普通人，因而会觉得他是比较容易相处的。试想，谁愿意和一个“完美”的人相处呢？那样只会觉得压抑、恐慌和自卑。第二，可使人们感到他的真诚和对人的信任，因而会觉得他是可敬可爱的人。众所周知，每个人都有缺点。一个人勇于将自己的缺点暴露，可能会使人们失望，难受一阵子，但经过这“阵痛”之后，对他的缺点，人们就会注意力下降，反而更多地注意他的优点，感受他的魅力。与此相反，倘若一个人拼命地显示优点，掩盖缺点，开始会给人们好印象，可一旦缺点暴露后，就会使人们更加难以接受，并给人以虚假的感觉。这正如一位先哲所说的那样：“一个人往往因为有些小小的缺点，而显得更加可敬可爱。”

有一次，有位记者在大庭广众场合采访世界垒球王史蒂夫·加夫时，突然问他：“你哭过吗？”众所周知，男子有泪不轻弹，何况是一个迷住千百万观众的体育明星呢！可是，垒球王会作何回答呢？他说：“哭过，我觉得在某种场合掉眼泪更像个男子汉，因为这表现了你是个实实在在的人。”垒球王因为暴露了自己和常人一样的小缺点，反而让大众更加喜欢他了。

适当地暴露一下个人的短处，不失为赢得他人喜欢的一个好办法。

一位日本学者在一本有关交际心理学方面的书中写道：“让人家看到自己的缺点或弱点，人家才会觉得你真实可信，不存虚假，从而产生亲近感。反之，如果人们不了解你的真实个性，即没有看到一个包含有缺点与弱点的你反而会对你放心不下，对你产生戒备和警惕，从而不敢亲近你。”

无数事实证明，对于一个德才俱佳的人来说，适当地暴露自己一些小小的缺点，不但不会形象受损，反而会使人们更加喜欢他。鉴于一些人心里存有“别人比我强，我就不平衡”的心理，为了让他们心理平衡，你可以故意显露笨拙的一面，使对方产生优越感。比如可以通过自嘲的方式说道:“我简直太愚蠢了，竟然错失了如此好的机会。”“这下我该怎么办呀？ 谁能帮助我？”由于自己的故意出丑，换来了别人的心理平衡，所以别人会愿意自发地对你实施帮助。

当然，暴露或坦白自己的缺点，也要讲究策略，不能把自己的缺点全部和盘托出，这样做不但得不到上述效果，反而会破坏自己的形象。最好的办法是：适当透露自己的缺点，否则会让人感觉你一无是处。而且这些缺点必须是对人无害，不会导致别人对你宣判“死刑”的。

生活中，自我暴露是非常必要的，一个有些缺点的人往往真实可信，容易得到他人的认可。因此真正聪明的人常常有意承认或透露一些自己的无关紧要的缺点。

换位思考定律：设身处地理解别人能给人好感

在人与人之间的交往中，有一种处理人际关系的思考方式——换位思考。简单地讲，就是互相宽容、理解，多去站在别人的角度上思考，它是一种理解，也是一种关爱，更是人与人之间交往的基础。

很多人在处理问题和与人交往的时候，总是立足于自我的立场，考虑更多的是利益和需要，却很少关心他人的需要，更别说是从别人的立场来看问题了。这样就造成了人际沟通中的理解发生障碍和阻塞。如果你想要很好地与他人相处，其实很简单，只要学会换个角度去思考问题，站在他人的角度，多为他人想一想，也许很多事情就会有很大转机，有不一样的结局。

有一位父亲给正在美国某大学医学院攻读医学和理学双博士学位的女儿的一封信中这样写道：

“总结我几十年的人生哲理，‘假如我是他’是一种很好的自我学习和锻炼的方式。你可以用这种方式试试当教授、当校长，还可以试试当议员、当总统。这是你的自由和权利，也是自我培养、自我提高的有效手段。”

这位女儿在美国求学多年，处事方式很西方化，但思维方式从小受父母的影响，又颇具东方色彩，她对采访的记者说：“吃什么，穿什么，今天冷不冷，要不要添衣服，我从小就懂，爸妈不用操心，也不用唠叨。但遇到大事情，例如读什么学校，选什么专业，我会主动找爸妈商量，听取他们的意见。”

她在美国攻读博士学位期间，突发“奇想”：休学两年，回国内乐坛发展。而对于这种情况，大多数父母或许会强行干涉，竭力阻止，可她的父亲依然以“假如我是他”的哲理来处理，他认为女儿半夜会起来作曲，说明她有艺术灵感，有艺术创作冲动，作为父母绝不该强行干涉，扑灭她的创作“火花”。中国传统的“家长意志”往往会抹杀儿女的创造精神，会不自觉地将儿女引入“歧途”，断送前程。平时，这位父亲从不强行要求女儿去做什么、想什么，只是根据自己成长的经验，给她一些指导。因此，他很尊重女儿的选择。事实证明，艺术与科学是相互沟通、相得益彰的。后来，女儿在国内成功地举办了多场个人演唱会，录制了歌曲专辑，拍过音乐电视，还先后两次荣获过荣誉奖杯……

可以说，正是“假如我是他”的换位思维，使这位父亲将女儿推上了人生成功的康庄大道。

在人际交往中，如果我们换一下看问题的角度和立场，站在对方的立场上，就会产生一种奇妙的效果，给对方一种尊重感、归属感，缩短对方与你的心理距离，达到心理层面的沟通。有人说：“停下一分钟，将你对他人的冷漠与对自己的热心做一个比较。你会发现：人和人是如此的相似！知道了这一点，你就可以和林肯、罗斯福一样，牢牢抓住人际交往中唯一的原则。换句话说，想要在处理人际关系上游刃有余，你需要站在他人的立场上去考虑问题。”

人与人之间离不开交往，而换位思考是人际交往不可或缺的因素之一。汽车大王福特曾这样说过：“成功假如有什么秘密的话，就是设身处地为别人着想，了解别人的态度和观点。因为这样不仅能得到你与对方的沟通和理解，而且可以更清楚地了解对方的思维轨迹，从而有的放矢，击中要害，成为成功者。”这句话的中心意思就是要学会换位思考。

一天，一名前台接待员遇到了难题。一位客户打了好几次电话找老板。她把这件事立即告诉了老板。但这位客户又打电话过来，埋怨她没有及时转告，原来是老板没有及时给这位客户回电话。

为此，这位前台接待员很发愁，她不知道如果这位客户再打来电话质问，她该如何处理。

她想，如果对老板说“你不回电话，××先生会很生气”，老板肯定会不高兴，说不定还会怪罪于她。

于是，她改口向老板请教，说：“我遇到点麻烦，需要您的帮助。××先生打来多个电话，他对我很不满，因为他没有接到您的回电。下次他再打来电话，您看我怎么答复他好？”

结果，老板一下子便明白了她的难处，立刻解决了这一问题。

一味地从自己的角度考虑，不管别人的感受，是不可能得到他人的理解与认同的。上例中的前台接待员转换立场，轻松解决了难题。

站在对方的立场上来考虑问题，这样看问题会比较客观公正，可防止过于主观片面；这是一种理解，也是一种关爱，更是人与人之间交往的基础。如果你想要准确地理解他人，就需要采取换位思考的方式进行沟通。只有站在对方的位置和立场上来思考问题，才能够更准确地理解对方的想法和心理状态，真正找到沟通的结合点，增强沟通的针对性。若只强调自己的感受而不体谅他人的想法，就很难走入他人的内心世界，被他人接纳。这也就是我们常说的遇事要将心比心。

人生在世，凡事不妨将心比心，自己不想做的就不要勉强别人，设身处地为别人想一想。人人都是平等的，你不想被歧视、被误解，同样别人也是不想的。正所谓：“己所不欲，勿施于人。”站在别人的角度考虑问题，多一分理解与真诚，生活会更好。这是人际交往中的黄金法则。

生活中，每个人做事都有自己的原因，只要我们能从别人的角度考虑问题，我们就能掌握他人的想法，从而找到打开他人内心的钥匙，交往就更加容易。学会从对方角度看问题，会让你在社交中减少许多不必要的烦恼。

刻板效应：不要戴有色眼镜看人

“刻板效应”，又称“刻板印象”，它是指对某个群体产生一种固定的看法和评价，并对属于该群体的个人也给予这一看法和评价。

心理学家曾在英裔加拿大学生和法裔加拿大学生中做过一个实验：实验前，心理学家告诉这些学生，实验是在不见面的情况下，通过听录音带的声音来判断一个人的性格特点。录音带播放的是10个人朗诵同一篇文章的声音，其中5人用的是英语，另外5人用的是法语。但实际上只有5个人，每人分别用两种语言朗读，但参加实验的学生们不知道真相。

结果发现：同一个人用英语朗诵时，学生们说他个子高、有风度、聪明、可靠、亲切、有抱负；而用法语说时，学生们的评价就没那么高了。

为什么会有这样的不同呢？因为在加拿大，英裔加拿大人的社会背景通常好一些，人们对他们的态度和看法也就比对法裔加拿大人好。正是这种已经形成的刻板印象，影响了人们的认知。

从认知角度讲，刻板印象仅仅抓住并根据事物的个别特征，而对事物的本质或全部特征下结论，是很片面的。在人际交往中，如果以一种概括而笼统的看法，去判断一个个活生生的个体，那就难免会犯“以偏概全”的错误，导致人际交往的失败。

好些年前，在哈佛大学里发生过这样一件事情：一对老夫妇，女士穿着一套褪色的条纹棉布衣服，而她的丈夫则穿着布制的便宜西装，也没有事先约好，就直接去拜访哈佛的校长。

校长的秘书在片刻间就断定这两个乡下土老帽根本不可能与哈佛有业务来往。

那位先生轻声说：“我们要见校长。”

秘书很礼貌地说：“他整天都很忙！”

女士说：“没关系，我们可以等。”

过了几个钟头，秘书一直不理他们，希望他们知难而退，自己走开。他们却一直等在那里。

秘书终于决定通知校长：“也许他们跟您讲几句话就会走开。”校长不耐烦地同意了。

校长很有威严而且心不甘情不愿地面对这对夫妇。

女士告诉他：“我们有一个儿子曾经在哈佛就读过一年，他很喜欢哈佛，他在哈佛的生活很快乐。但是去年，他出了意外而死亡。我丈夫和我想在校园里为他留一个纪念物。”

校长并没有被感动，反而觉得很可笑，粗声地说：“夫人，我们不能为每一个曾读过哈佛而后死亡的人建立雕像。如果我们这样做，我们的校园会看起来像墓园一样。”

女士说：“不是，我们不是要竖立一座雕像，我们想要捐一栋大楼给哈佛。”

校长仔细地看了一下他们身上的条纹棉布衣服及粗布便宜西装，然后叹了一口气说：“你们知不知道建一栋大楼要花多少钱？我们学校的一座建筑物要超过750万美元。”

这时，这位女士沉默不讲话了。校长很高兴，总算可以把他们打发了。

随即这位女士转向她丈夫说：“只要750万就可以建一座大楼？那我们为什么不建一座大学来纪念我们的儿子呢？”

就这样，斯坦福夫妇离开了哈佛，到了加州，建立了斯坦福大学来纪念他们的儿子。

在这个事例中，校长及秘书两人见斯坦福夫妇衣着陈旧，就误以为他们是没有钱的人，显然是戴着有色眼镜看人。这就是定式的思维，也是先入为主的执念，其本质就是刻板效应。

事实上，只凭着主观意识去识别一个人，而不加以客观公正的审核，经常会造成识人的错误与偏差。虽然每个人都有自己独特的认识、观念和思想，但是不能按自己的经验来判断一切，观感一切，即不能抱有成见或者成心。如果一个人抱着成见去评判事物的正确与错误，就像一个今天刚出发去法国的人说自己已经完全了解了法国一样荒谬，这是不可能的。因而抱着成见的人是无法对事物做出准确而客观的评判的！

杰瑞是美国一家化学染料公司的总裁。有一次，公司为了研发低成本化学染料，迫切需要一个懂得染色技术的专家。这时候，他意外地打听到有个染色专家正赋闲家中，颇为惊喜。然而，他经过初步了解，却发现这个人年轻时吸过毒，因为缺乏毒资还拦路打劫，被关进了监狱。出来之后，他便自暴自弃，整天借酒浇愁。

这个人能不能用呢？杰瑞陷入了矛盾之中。于是，他又继续去了解这个名叫汉姆的染色专家，发现他出狱后有段时间表现很好，但公司的老板总是对他不放心，几乎每天都要偷偷打开汉姆的更衣柜搜索他的外衣口袋，生怕他再染毒瘾。汉姆发现后，自尊心受到极大侮辱，愤然辞职，这样才染上酒瘾的。

杰瑞知道全部经过后，决定聘用汉姆担任公司技术部主管。

经过几次登门拜访，汉姆深受感动，从此痛改前非，埋头于实验室中苦干，终于研制出不脱色而且成本低廉的化学染料。

我们可以设想一下，如果一开始杰瑞先生就戴着有色眼镜看人，因为汉姆犯过罪就不雇用汉姆，那么他开发不脱色化学染料的计划能否顺利成功就很值得怀疑了。所以，我们应当抛开有色眼镜，铲除心中成见的樊篱，为人处世不预设立场，而以一种客观求实的态度去看待人和事物。

俗话说："眼见为实，耳听为虚。"在与别人交往时，我们要认真对待他人的所有信息，不要臆断，不要妄下言论。也就是说对待人或事，应从理性出发，不能仅靠感性认识。否则，对于人或事就不能做出正确的判断或估计。

沉默定律：不要急于表达自己

沉默，是社会交际中不可缺少的重要手段。它既是一种无声的语言，又是一种微妙的艺术。特别是在交流感情方面，它有语言所难以达到的效果。当然，沉默并不是简单地一味不说话，而是一种成竹在胸、沉着冷静的姿态，尤其要在神态上表现出一种运筹帷幄、决胜千里的自信，以此来逼迫对方沉不住气，先亮出底牌，从而达到自己的目的。

在洛克菲勒的一生中，曾经历过这样一件事情：一个不速之客突然闯入了洛克菲勒的办公室，直奔他的写字台，并用拳头猛击写字台的台面，大发雷霆地说："洛克菲勒，我恨你！我有绝对的理由恨你！"接着那个不速之客恣意谩骂了几分钟之久。办公室所有的职员都感到无比气愤，以为洛克菲勒一定会拾起墨水瓶向他掷去，或是吩咐保安将他赶出去。然而，出乎意料的是，洛克菲勒并没有这样做。他停下手中的工作，和善地注视着这个攻击者，那人越是暴躁，他就越显得和善！

那个无理之徒被弄得莫名其妙，他的怒火渐渐平息下来。因为一个人发怒时，遭不到反击，他是坚持不了多久的。于是，他叹了一口气，他是准备好了来此与洛克菲勒争斗的，并想好了洛克菲勒要怎样回击他，他再用想好的话去反驳。但是，洛克菲勒就是不开口，所以他也不知如何是好了。

末了，不速之客又在洛克菲勒的写字台上敲了几下，仍然得不到洛克菲勒的回应，只得索然无味地离去。而洛克菲勒呢，就像根本没发生任何事一样，重新拿起笔，抬起头来，轻轻地一笑，丢过去一个得意的眼色，好像是在说："干吗那么着急走啊？回来尽情地发泄吧！"然后，他就继续手上的工作了。

如果一个人处在情绪失控的状态下，那么，任何反驳的语言都是让他难以接受的。对他的无礼采取沉默的方式，便是给他的最严厉的迎头痛击。这个故事说明了一个事实："沉默"的力量是何其巨大，面对"沉默"，所有的语言力量都消失了！

沉默是一种行之有效的交流手段，它和语言相比，更富有理性、智慧和内涵。当你遭受到别人的无端指责和恶意诋毁的时候，你不妨保持沉默，因为沉默是金，沉默更是一种力量。当你保持沉默时，对方往往由于不知道你的底牌而感到无穷的压力，这时，他的意志也将会动摇甚至不战自溃；如果此时你进行了反抗和争辩，那么，你的冲动行径必将给对方以可乘之机，这样一来，你不但不会得到任何友善的结局，反而会使自己进一步陷入被动和尴尬的窘境，同时也会大大毁坏了自己的完美形象。

宋朝宰相吕蒙正刚任宰相不久，朝中有官员指着他说："这小子也配参与商议政事吗？"这句话正好被路过的吕蒙正听到，但他装作没事一样大步走了过去。与他随行的属下为他抱不平，要去看看到底是谁这么大胆，但立即被吕蒙正制止了，他说："如果知道了他的姓名，那么我一生都忘不掉他了。这样耿耿于怀，还不如不知道的好。"当时的人都很佩服他的度量，不愧是"宰相肚里能撑船"啊。

吕蒙正装聋作哑换来了好名声，赢得了皇帝和同僚的信任。可见，沉默胜过激烈的争论，它可以给对方以有力的还击，同时也会尽显沉默者的大度与智慧。

在社交活动中，沉默是一种特殊的语言，具有其独特的价值。在某些情况下，恰到好处的沉默比口若悬河更有效。这就是人们常说的"雄辩是银，沉默是金"。只要我们因时因地适当把握、运用它，其效果有时甚至会超过直言抢白，具有特殊的威力。

一个农村亲戚给一名工人拿来8只下蛋的母鸡，为了能让这8只母鸡下蛋，这名工人就在工厂围墙的角落上建了一个鸡圈。厂长让人劝其拆除鸡圈，处理掉母鸡。因为他执意不愿执行决定，厂长就派人拆了鸡圈。于是这名工人就去大闹厂长办公室，厂长则专注地看一份文件，头一直就没有抬起来。等到这名工人闹过之后，厂长拉开写字台抽屉让他看了一份处理这件事的决定，并告诉他只要他再闹出这样的事件就会勒令他搬到厂子外面去住。随后，厂长就不再理他，拂袖而去。此时，那名工人的气焰全熄了，低着头回去了。这位厂长就是凭借无言无声的力量占据了心理优势，使对方不战自败。

有些时候，沉默是最有效的反击。遇到意见不合引发的争执，任凭对方夸夸其谈，我们只是保持沉默不语，顶多两次，第三次对方就会泄气，那时候我们再主动出击、反客为主，这种方式会相当有效。

生活中，我们难免与人发生冲突，有时，我们并不需要太多的言行表现，诗云："此时无声胜有声。"我们默默无言反而会使对方摸不着边际，认为我们高深莫测，使其慑服。老子曰："大辩不言。"也就是这个道理。在现实生活中，只要我们能够适当地运用沉默的方法，就可以以弱胜强、以柔克刚。

登门槛效应：先提小要求，再提大要求

1966年，美国社会心理学家弗里德曼和他的助手曾做了这样一个有趣的实验：派人随机访问一组家庭主妇，要求她们在一份安全驾驶的请愿书上签字，这些家庭主妇愉快地同意了。过了一段时间，他们派人再次访问这组家庭主妇，要求将一个不仅大而且不太美观的宣传牌放在庭院里，结果有超过半数的家庭主妇同意了。与此同时，他们派人又随机访问另一组家庭主妇，直接提出将不仅大而且不太美观的宣传牌放在庭院里，结果只有不足20%的家庭主妇同意。

其实，日常生活中也经常出现这种现象。在你需要得到别人的帮助时，如果你上来就提出较高的要求，则往往容易被拒绝；而倘若你先提出较低的要求，在被对方接受后再去适当增加要求的分量，那么成功的概率就会很高。这种现象就是被心理学家定义的“登门槛效应”，也叫“得寸进尺效应”。

在人际交往中，正确、恰当地应用“登门槛效应”往往会让我们取得意想不到的效果。例如，销售员在推销商品时，并不是直接向顾客提出买他的商品，而是先提出试用化妆品、试穿衣服的要求，等这些要求实现之后，才提出购买要求。

一天，为了打发等人的无聊时光，王小姐在商场的时装区里闲逛。

“小姐，今年的最新款，您喜欢可以试试。”一名热情的导购小姐向王小姐介绍。

“哦，我只是随便看看。”

“没有关系，不过，我觉得这款特别适合您，您可以试试？”

“呵呵。”王小姐摇摇头。

“我卖衣服好几年了，我根据您的气质就知道您穿什么样的衣服好看。不信您可以试试效果怎么样。没事儿，您试完了不买也没事儿，您就当尝试一下全新的风格。如果真的适合，还可以指导您以后买衣服的方向，是不是？”导购小姐一边说，一边将衣服从衣架上摘下来放在王小姐手上，“试衣间在那边。”

“您看，我说得对吧，多好看，简直就像给你量身定做的一样！……”

就这样，在本来并没有购衣计划的情况下，王小姐买了那件衣服。

在这个事例中，导购员对王小姐就使用了登门槛效应。先是不要求她买，只要求她穿上试试，但是穿上了，再进行进一步的说服，就更容易达到卖衣服的目的了。

在要求别人做某件较难的事情而又担心他不愿意做时，可以先向他提出做一件类似的较小的事情，等他答应了，再逐步向其提出更高的请求，这样对方比较容易接受，预期目标也容易实现。有时我们会发现这种方法的确是个达成自己目标的好办法，尤其是用于和不太熟悉的人打交道的时候，偶尔使用一次成功率还是挺高的。

女记者帕兰要去采访一位很有地位的重要人物，想请他就海洋动物保护问题发表15分钟的广播讲话。但这位重要人物非常忙，如果知道采访要占用他15分钟的时间，很可能就会拒绝。

于是帕兰决定运用登门槛效应。

她先打了个电话给对方："在百忙中打扰您很过意不去，我们想请您就海洋动物保护问题谈谈看法，大概只要3分钟就够了。听说您每天下午4点都要到户外散步。如果方便的话，我想是不是可以在今天下午的这个时候去拜访您。"

结果帕兰的3分钟而且是在对方散步时进行的小要求被接受了，帕兰如约前往，采访于当日下午4时准时开始。当帕兰从这位重要人物的私宅出来时，时间过去了整整20分钟，也就是说，这位重要人物破例和帕兰谈了20分钟。而对帕兰来说，把20分钟采访编制成15分钟广播讲话，材料已足够了。

可以设想一下，假如女记者一开始就说"给我15分钟的采访时间"，她会得到什么结果呢？显而易见，她恐怕连见面采访的机会都没有。

在人际交往中，当我们要向他人提出一个比较高的要求时，我们不妨先提出一个较小的要求，一旦对方答应，再提出那个较高的要求，就会有更大的被接受的可能。因此，如果你有什么请求或要求向他人提出，不妨运用登门槛效应，很可能会给你带来意想不到的收获。

互惠定律：社交的基础就是礼尚往来

“来而不往非礼也”，这是一个人情往来的社会，当别人对你做了很大的付出时，你就会产生回报对方的想法。如果不这么做，内心就会感到不安。这是一种互惠的力量在“作祟”。在人际交往的过程中，如果你能够牢记并巧妙运用互惠心理，给对方一些恩惠，使对方产生负债感，他便能够在回报意图的作用下帮你办事。

在第一次世界大战中，有一种德国特种兵的任务是，深入敌后去抓俘虏回来审讯。

当时打的是堑壕战，大队人马要想穿过两军对垒前沿的无人区，是十分困难的。但是一个士兵悄悄爬过去，溜进敌人的战壕，相对来说就比较容易了。参战双方都有这方面的特种兵，经常派去抓一个敌军的士兵带回来审讯。

有一个德军特种兵以前曾多次成功地完成这样的任务，这次他又出发了。他很熟练地穿过两军之间的地域，出乎意料地出现在敌军战壕中。

一个落单的士兵正在吃东西，毫无戒备，一下子就被缴了械。他手中还举着刚才正在吃的面包，这时，他本能地把一些面包递给对面突然而降的敌人。这也许是他一生中做得最正确的一件事了。

面前的德国兵忽然被这个举动打动了，并导致了他做出奇特的行为——他没有俘虏这个敌军士兵回去，而是自己回去了，虽然他知道回去后上司会大发雷霆。

这个德国兵为什么这么容易就被一块面包打动了呢？人的心理其实很微妙的。人一般有一种心理，就是得到别人的好处或好意后，就想要回报对方。虽然德国兵从对手那里得到的只是一块面包，或者他根本没有要那个面包，但是他感受到了对方对他的一种善意，即使这善意中包含着一种恳求。但这毕竟是一种善意，是很自然地表达出来的，一瞬间打动了他。他在心里觉得，无论如何不能把一个对自己好的人当俘虏抓回去，甚至要了他的命。其实这个德国兵不知不觉地受到了心理学上“互惠定律”的左右。

为什么互惠心理有如此威力？因为人们都有一种不愿负债的心理。一旦受惠于人，心理会有一种压力，让人迫不及待想要卸下，这时就会痛痛快快地给出比我们所得要多得多的回报，以使自己得到心理重压下的解脱。互惠影响运用到人际交往之中，会产生非常好的效果。

俗话说：“吃人家的嘴软，拿人家的手短。”著名心理学家罗伯特·西奥迪尼指出：“对于别人的付出我们要予以回报，否则就会产生愧疚感。”这也正是我们平时所说的“互惠心理”。想要获得什么样的回报，往往不在于别人想要给你什么，而是你曾经给了别人什么。当你实实在在地为别人做了一些事情，给他带去了一些好处，别人就会想方设法地来报答你为其所做的一切。

我国著名作家钱钟书先生一生日子过得比较平和，只有困居上海孤岛写《围城》的时候，生活上遇到了一些困难。由于经济上的问题，他不得不辞退保姆，由夫人杨绛操持家务，一家人紧巴巴地过日子。那时候，钱钟书的学术文稿没人买，于是他写小说的动机里就多少掺进了挣钱养家的成分。一天500字的精工细作，却又绝对不是商业性的写作速度。恰巧这时黄佐临导演上演了杨绛的四幕喜剧《称心如意》和五幕喜剧《弄假成真》，并及时支付了酬金，才使钱家渡过了难关。时隔多年，黄佐临导演之女黄蜀芹之所以独得钱钟书亲允，开拍电视连续剧《围城》，实因她给钱钟书带来老爸一封亲笔信的缘故。钱钟书是个别人为他做了事他一辈子都记着的人，黄佐临40多年前的义助，钱钟书多年后仍然记在心里。

中国有很多关于以心换心、以情动情的民谚，如“投之以桃，报之以李”“你敬我一尺，我敬你一丈”等，都说明付出了总会有收获。一般来说，无论在任何情况下，只要对方接受了你的某种礼物或帮助，对方就等于“欠了一个人情”，而这笔“人情债”一天“不还”，对方的心里就会有一种无形的“道德压力”，直到有一天偿还为止，才感受到了一种“解脱”。

互惠是一种普遍的心理影响力，如果你想成为一个成功者，就要好好利用人们的互惠心理。也就是说，当你想得到他人帮助之前，不妨先向对方提供帮助，这等于在人际关系的银行中，提前存下了丰厚的资金，当你有一天需要时，就可以随时支取，甚至透支使用。

第九章

懂点人情世故，你才能左右逢源

不揭别人伤疤，不戳别人痛处

《弟子规》有这么一句："人有短，切莫揭。"意思就是人的短处，千万不要去揭。生活中，我们难免会经常和各种人在一起交谈，那么在闲谈中，一定要回避对方忌讳的事，不要戳别人的伤疤，揭别人的短处。对任何人来说被击中痛处，都是令人不愉快的事。

公元前592年，晋国大夫郤克在访问鲁国之后，又与鲁国的大夫季孙行父一起去齐国拜访。两人到达齐国领域后，又与卫国的使臣孙良夫、曹国的使臣公子首不期而遇。所以四位使臣结伴而行，一起到达了齐国的国都临淄。

非常凑巧的是，这四位使臣生理上都有一些缺陷：晋国的郤克只有一只眼睛，鲁国的季孙行父头上没长头发，卫国的孙良夫一条腿有残疾，曹国的公子首先天驼背。齐顷公在接见了他们四位之后，回到后宫把这四个人的外貌对他母亲萧太后叙述了一番。萧太后好奇心特别重，非要去看一看不可。而齐顷公为了博得其母欢心，准备对这四位使臣戏弄一番。他让人从城内找来一个独眼龙，一个秃子，一个瘸子，一个罗锅，分别对号入座为四位使臣驭车，定于第二天到花园做客。上卿国佐谏曰："国家之间的外交不是儿戏，人家朝聘修好而来，我们应该以礼相待，千万不要嘲笑人家。"可是齐顷公偏要仗着自己国大兵多，别的国家对其无可奈何，不听劝告。第二天，当四位使臣在四位齐国仆人的陪同下，经过萧太后居住的楼台之下时，萧太后与宫女们启帷观望，禁不住哈哈大笑。郤克起初见给他驾车的人也是一只眼睛，以为是偶然巧合，没有在意，等听到嘲笑声后才恍然大悟，原来齐顷公在戏弄他们。

他草草饮了几杯酒之后，便同三国使臣回到馆舍。当他知道台上嬉笑的是萧太后后，不由得火冒三丈。其他三位使臣也愤愤地说：“我们好意来访，齐顷公竟把我们当笑料供妇人们开心，真可恨之极！”于是四国使臣歃血为盟，对天起誓，决定协力同心，伐齐报仇。第二年，齐国借口鲁国归附晋国，出兵伐鲁，并顺手牵羊，在卫国边境地区捞了一把。晋国为了保住霸主的地位，来了个新账旧账一起算，汇集四国军队大举伐齐，直打到临淄城下，直到齐国签订了盟约为止。

因“戏客”而引起了战乱，甚至差一点遭到亡国之祸，教训很深刻，也非常发人深省。

揭人伤疤、伤人自尊是一件损人不利己的事。特别是对于那些生理上有缺陷或是家庭不幸的人，他们本身就已经很痛苦了，如果你再雪上加霜触及他人的痛处，只会让对方感觉更痛苦。

常言道：“人活脸，树活皮。”从心理学的角度讲，人人都有自尊心，维护自尊是人的天性。无论一个人的出身、地位、权势、风度多么傲人，也都有不想让别人言及、不能冒犯的角落，这个角落就是他的“雷区”。当你一句话击中对方的软肋，揭了对方的“疮疤”，只会让对方在面子上过不去，从而诱发你与对方的矛盾，影响你的人际关系。

我们常说“瘸子面前不说短”“胖子面前不提肥”“东施面前不言丑”，对让人失意之事应尽量避而不谈。人人都有各自不同的成长经历，都有自己的缺陷、弱点，也许是生理上的，也许是隐藏在内心深处不堪回首的经历，这些都是他们不愿提及的“疮疤”，是他们在社交场合极力隐藏和回避的问题。被击中痛处，对任何人来说，都不是一件令人愉快的事。尤其是他人身上的缺陷，千万不能用侮辱性的言语加以攻击。无论是什么人，只要你触及了这块伤疤，他们都会采取一定的方法进行反击。每个人都想获得一种心理上的平衡。所以说，我们要极力避免说别人的短处，否则不仅使别人的尊严受到损害，而且还表现出你品德有问题。

一个刚毕业的大学生到某公司工作。上班的时候，他突然闻到一股难闻的气味，旁边有一个同事正在说话，他发现原来是这个人有口臭。于是，他就大声嚷道：“大哥，你今天刷牙了吗？我都快要被你的口臭给熏死了，简直就像地沟的味儿。”说着他好心地递给同事一块口香糖，“快吃一块吧！”周围的同事都看着他们，有几个女同事还在那儿窃窃私语着，几个男同事则发出了笑声。而那个有口臭的同事霎时面红耳赤，不但没有接他的口香糖，反而摔门而出。

从那以后，那个同事对他的态度十分冷淡。可是这个刚毕业的大学生觉得自己只不过是开了一个小小的玩笑，没有什么大不了的。

中国有句俗话“病从口入，祸从口出”，许多是非往往是我们多嘴多舌造成的。翻出人家的污点，触及人家的短处，不管是有意还是无意，对己对人都是不利的。

荀子说：“与人善言，暖于布帛；伤人以言，深于矛戟。”是人难免各有所长，各有所短。我们不能做那些以我之长较人之短的事情。而且，今天你揭了别人伤疤，难保他日不遭人报复，还是谨慎地说每一句话为好。

在人际交往中，如果你想与他人友好相处，就要尽量体谅他人，维护他人的自尊，避开言语“雷区”，千万不要戳人痛处。

伸出援手，就是帮助未来的自己

有句话说得好：“幸福并不取决于财富、权力和容貌，而是取决于你和周围人的相处。”你想交到更多的朋友吗？那么就从帮助他人开始吧！

著名的心理学家阿尔弗雷德·阿得勒曾说：“一个不关心别人，对别人不感兴趣的人，他的生活必然遭受重大的阻碍和困难，同时会给别人带来极大的损害与困扰。”的确，一个只想着自己，对他人缺少关心的人，就会缺少吸引他人的磁力，这样的人将会失掉生活中的很多乐趣。如果你想成为一个受人欢迎的人，那就要学会乐于助人。

有人说，人是因爱而相互存在的，人的生活是与他人的相互交往构成的。乐于助人，就是要求人们善于理解他人的处境、情感，随时准备从道义上去支持别人，从行动上去关心帮助别人。一个懂得帮助他人的人，才能得到更多人的帮助，才会有更多的朋友，才能获得更多的机会，也才能取得更多的成功。

十年前，有一个叫郝武德的穷苦大学生，为了付学费，挨家挨户地推销货品。

到了晚上，他发现自己的肚子很饿，而口袋里只剩下一点小钱。他在大街上犹豫徘徊了半天，终于鼓起勇气，敲响了一户人家的门，准备讨点饭吃。

然而，当一个年轻貌美的女孩子打开门时，他却失去了勇气。他没敢讨饭，却只要了一杯水喝。女孩看到他饥饿的样子，于是给他端出一大杯鲜奶来。

他不慌不忙地将它喝下，然后问道："我应付您多少钱？"

女孩的答复却是："你不欠我一分钱。母亲告诉我们，不要为善事要求回报。"

他怀着感恩的心，向女孩深深地鞠了一躬，真诚地说道："那么我只有由衷地谢谢您了！"

郝武德离开时，不但觉得自己的气力强盛了不少，而且对人生的信心也增强了。他本来已经陷入绝望，准备放弃一切的。

十年后，有个女人病情危急，当地医生都已束手无策。家人将她送进大都市，以便请专家来检查她罕见的病情。他们请主任医师郝武德博士亲自来诊断。

当他听说，病人是自己的家乡某某城的人时，他的眼中充满了奇特的光芒。他立刻走向医院的病房。当他来到病人的床前时，他一眼就认出了她。他决心尽最大的努力来挽救她的生命。从那天起，他特别观察她的病情，查阅了所有的文献，并发帖向全世界同行咨询。他经过不懈的努力，终于让她起死回生，战胜了病魔。

最后，同事将出院的账单送到郝武德手中，请他签字。他看了账单一眼，然后在账单边缘上写了几个字，并将账单转送到她的病房里。

她不敢打开账单，因为她知道，她可能需要一辈子才能还清这笔医药费。她最终打开账单，看到账单边缘上的一行字："一杯鲜奶已足以付清全部的医药费！"

她看到签署人是郝武德医生。

她的眼中顿时盈满了泪水，她心中感动地祈祷着：“上天啊！感谢您，您的慈爱，借由众人的心和手，在不断地传播着。”

帮助别人，就是帮助自己。这是利人利己的人际关系模式。人们常说：“善有善报。”生活向来如此，这绝不是简单的因果报应，而是做人的根本。

正所谓：“送人玫瑰，手有余香。”有付出，必有收获；你如何对待他人，他们就如何对待你。生活中，每个人都会遇到困难，遇到自己解决不了的问题。当我们看到需要帮助的人时帮助他们一下，那在我们自己遭遇困难时，通常也能够得到别人善意的帮忙。

第二次世界大战中的一天，欧洲盟军最高统帅艾森豪威尔乘车回总部，参加紧急军事会议。

那天大雪纷飞，天气极冷。忽然，他看到一对法国老夫妇坐在路边，冻得发抖。

他立即命令身旁的翻译官下车去问问。

一位参谋急忙说：“我们得按时赶到总部开会，这种事还是留给当地的警方处理吧！”

艾森豪威尔坚持说：“等警方赶到，这对老夫妇可能早冻死了！”

原来，这对老夫妇是去巴黎投奔儿子，车抛锚了，前不着村后不着店，正不知如何是好。

艾森豪威尔立即请他们上车，特地绕道将夫妇送到巴黎，才赶回总部。

艾森豪威尔根本没想过行善图报，然而，他的善良却得到了意想不到的回报。

原来，那天德国纳粹狙击兵已预先埋伏在他们必经之路上，只等他的车一到就立刻实施暗杀行动。如果不是为了帮助那对老夫妇而改变了行车路线，他恐怕很难躲过这场劫难。假如艾森豪威尔遭到伏击身亡，那么，整个“二战”历史很可能因此而改写！

正所谓：“行下春风，必有秋雨。”许多人活一辈子都不会想到，自己在帮助别人时，其实正是帮助了自己。在日常生活中，许多偶然的事情，将会决定你未来的命运，而生活从来不会说什么，却会用时间诠释这样一个真理：帮助别人，就是帮助自己。

事实上，我们总想从别人那里获取更多的东西，自己却吝啬哪怕一点点的付出。心理学家马斯洛指出，人都有爱与被爱的需要。我们更关注被爱和受尊重的感受，却往往忽视了爱与尊重他人的前提。其实，你只要主动去关照、帮助别人，你眼前的世界也许就会因此而改变。所以，我们要舍弃一些不必要的自我意识，帮助别人做一些力所能及的事情。记住：当我们搬开别人脚下的绊脚石时，也许恰恰是在为自己铺路。我们在帮助别人的时候，也就是在帮助我们自己。

给人留面子：点到为止，别令人难堪

人们常说：“人有脸，树有皮。”这句话说出了人性的一大特点：爱面子。可是我们不能只爱自己的面子，而不给他人面子。面子是一个人的尊严，很多人可以失去利益，但不能失去面子。面子问题是头等大事，因此，我们要学会为他人保留面子。

在北京一家国际饭店中，一位刚刚用完餐的外国客人，顺势将一双很漂亮的银质餐筷放进了自己的口袋里。这一幕被旁边一名服务员看到了，就将这件事情告诉了正在值班的大堂经理。

于是，当这位客人准备结账走人的时候，大堂经理手里拿着一个包装精美的盒子走到外国客人面前，很礼貌地用英文对他说："先生您好，刚才餐厅的服务员告诉我您对我们的银质餐筷非常感兴趣，所以，为了答谢您的厚爱，餐厅特地为您准备了一双崭新的、未使用过的银质筷子，并且按照酒店的'优惠价格'记在了您刚才的账上，您看满意吗？"那位外国客人，接过筷子，连连点头，又赶忙说自己刚才多喝了两杯红酒，并说既然酒店准备了未使用过的银质筷子，那么，他也没有必要要使用过的了。于是，这位客人就从自己的口袋里拿出了刚才装进去的筷子，大方地接过了大堂经理手上的盒子。

试想一下，如果大堂经理直接指出这位外国客人的错误，会令其脸面全无，出尽洋相，但他却没有这样做，而是委婉地暗示对方犯了错。这样一来，外国客人会感激不尽，有利于改正错误。

自尊心人人皆有，任何人都没有权力去贬抑或伤害他人的自尊。保住他人的面子，在有些情况下是非常重要的。特别是当他人有错误或失误时，给人一个台阶，为他人保留面子，对人对己都是有好处的。

一位作家说过："我没有权力去做或说任何事以贬抑一个人的自尊。重要的并非我觉得他怎样，而是他觉得自己如何，伤害他人的自尊是一种罪行。"保护他人的自尊心，是很重要的。当你需要批评或惩戒他人时，应该记住这一点。

在美国经济大萧条时期，有位17岁的姑娘好不容易才找到一份在高级珠宝店当售货员的工作。在圣诞节前一天，店里来了一个30岁左右的顾客，他衣着破旧，满脸哀愁，用一种不可企及的目光，盯着那些高级首饰。

姑娘要去接电话，一不小心把一个碟子碰翻，六枚精美绝伦的钻石戒指落在地上。她慌忙捡起其中的五枚，但第六枚怎么也找不着了。这时，她看到那个30岁左右的男子正向门口走去，顿时意识到戒指被他拿去了。当男子将要触及门柄时，她柔声叫道："对不起，先生！"

那男子转过身来，两人相视无言，足有几十秒。

"什么事？"男人问，脸上的肌肉在抽搐，他再次问，"什么事？"

"先生，这是我头一回工作，现在找个工作很难，想必您也深有体会，是不是？"姑娘神色黯然地说。

男子久久地审视着她，终于一丝微笑浮现在他脸上。他说："是的，确实如此。但是我能肯定，你在这里会干得不错。我可以为您祝福吗？"他向前一步，把手伸给姑娘。

"谢谢您的祝福。"姑娘立刻也伸出手，戒指被轻轻放进了她的手心。姑娘用十分柔和的声音说，"我也祝您好运！"

故事中的这个姑娘是睿智的，她很会照顾对方的情面，没有开门见山地要回戒指，而是先说出自己的难处，找工作不容易，让男子认识到自己的错误，进而主动交还戒指。那男子也很珍惜没有露丑丢脸的时机，非常体面地改正了自己的错误。

在人的一生中，最放不下的要算面子问题。因此，在批评别人时，一定要考虑到对方的尊严，照顾好对方的面子，这样才能使批评更有效。

事实上，无论你采取什么样的方式指出别人的错误，即使是一个藐视的眼神，一种不满的腔调，一个不耐烦的手势，都可能让别人觉得没面子，从而带来难堪的后果。不要想着对方会同意你所指出的错误，因为你否定了他的智慧和判断力，打击了他的荣誉和自尊心，同时还伤害了你们的感情，他非但不会改变自己的看法,还会进行反击。所以，在给别人指出错误的时候要委婉，讲究方式，给别人留个面子，这样会更容易让别人接纳。

即便是举手之劳的帮忙，也要说声“谢谢”

很少有词语一讲出就能立刻赢得一个人的好感。然而，“谢谢”这个词却有这个魔力。“谢谢”这一深涵文明、礼仪的词语，让人欣喜、心仪、感动。对于他人的给予和帮助，我们送上一个笑容和一句真诚的发自内心的“谢谢”，这不仅是感谢别人的方式，更是促进人与人之间和谐的礼仪。

一个大学生到一家公司应聘办公室文员的职位，通过笔试和面试后，人事部门告诉他回家等待通知。几天后，他收到那家公司人事部寄来的一封信，信中委婉地拒绝了他的求职要求。他感到沮丧，心想既然进不了那家公司，也没有回信的必要了。但他转念一想，买卖不成仁义在，给人家回一封信也是一种礼貌，而且今天进不去不代表以后进不去。于是，他给对方回了一封信，客气地表达了遗憾和谢意。两天后，他接到了那家公司人事部经理打来的电话，通知他应聘成功，让他准备上班。这个消息让他很兴奋，同时也很疑惑：“我不是被拒绝了吗？”后来他才知道，公司的那封婉拒信是对应聘者的最后一项考察。公司共寄出了十封信，只有一个人回了感谢信，那个人就是他。

成功看似偶然，却隐藏着必然。一声“谢谢”，虽然微不足道，却体现了一个人的素养，也许能够在关键时刻改变人的命运。在接受别人帮助时，道一声感谢，是对别人文明之举的一种肯定，同时也体现了一个人的教养。

在人际交往中，学会说“谢谢”，善于表达感激，能帮你打造良好形象、提升你的个人魅力，创造和谐的人际关系。一句“谢谢”，是对别人多付出劳动的一种肯定、鼓励，更是一种最起码的尊重。“谢谢”虽然只是一个简简单单的词语，却足以让人内心充满暖意，足以代表你的真诚。所以，我们要时刻怀着感恩的心，学会道谢，并让道谢成为一种习惯。

在一个闹饥荒的城市，一个心地善良的面包师把城里最穷的几十个孩子聚集到一块儿，然后拿出一个盛有面包的篮子，对他们说：“这个篮子里的面包你们一人一个。在好光景到来以前，你们每天都可以来拿一个面包。”

瞬间，这些饥饿的孩子一窝蜂似的拥了上来，他们围着篮子推来挤去大声叫嚷着，谁都想拿到最大的面包。当他们每人都拿到了面包后，竟然没有一个人向这位好心的面包师说声“谢谢”就走了。

但是有一个叫依娃的小女孩却例外，她既没有同大家一起吵闹，也没有与其他人争抢。她只是谦让地站在一步以外，等别的孩子都拿到以后，才把剩在篮子里最小的一个面包拿起来。她并没有急于离去，向面包师表示了感谢，并亲吻了面包师的手之后才向家走去。

第二天，面包师又把盛面包的篮子放到了孩子们的面前，其他孩子依旧如昨日一样疯抢着，羞怯、可怜的依娃只得到一个比头一天还小一半的面包。当她回家以后，妈妈切开面包，许多崭新、发亮的银币掉了出来。

妈妈惊奇地叫道："立即把钱送回去，一定是面包师揉面的时候不小心揉进去的。赶快去，孩子，赶快去！"当依娃拿着钱回到面包师那里，并把妈妈的话告诉面包师的时候，面包师慈爱地说："不，我的孩子，这没有错。是我把银币放进小面包里的，我要奖励你。愿你永远保持现在这样一颗感恩的心。回家去吧，告诉你妈妈这些钱是你的了。"她激动地跑回了家，告诉了妈妈这个令人兴奋的消息，这是她的感恩之心得到的回报。

在人生旅途上，每个人都接受过来自他人的帮助，你是否认为那是理所当然的？接受了别人的帮助之后，你是否想起说句"谢谢"呢？

"谢谢"是一种礼貌、一种习惯。说"谢谢"，反映了一个人的态度：感恩、谦卑。一声"谢谢"，虽然微不足道，却体现了一个人的素养，还可以赢得别人对你的好感。

学会说声"谢谢"，其实不难，不要觉得难为情，不要觉得它起不了什么作用。它将会成为你人生道路上的"润滑剂"，减少人际摩擦，滋润人际关系，有助于你成就事业。所以，对于不管什么人给予自己的哪怕是再微不足道的帮助和关怀，也不要忘记说声"谢谢"。

不过，我们在表达"谢谢"的时候，感情应该是发自内心的。要做到这一点，需要注意以下几点。

1. 大声说出感谢

当你对他人说"谢谢"时，切勿不好意思，以极小的声音说。因为这么一来，对方会以为：他为你做的事是不值得感谢的，你只是在情面上敷衍他，随口说一声"谢谢"而已，这样也就达不到感谢的目的了。因而，当你想"谢谢"对方时，必须清晰愉快地说出来。

2. 表示感谢要及时而主动

有个喜欢吃糖的小男孩，常拿着一枚五角的硬币去家门口的小卖部买糖。五角钱只够买一颗糖，可小卖部老板是个老人，特别喜欢小孩子，总是给男孩两颗。每次小男孩都想对老人说："您真好，谢谢！"但是话到嘴边又咽了回去，因为他想："明天再说也来得及！"无数个明天之后，男孩又朝小卖部走去，发誓这一次一定要对老人倾诉感激之情。然而，小卖部的门关着，老人在前一天过世了，男孩在伤心之余感到后悔不已。

小男孩长大后，告诫自己的孩子："人不仅要学会感谢，更应该及时感谢。"

从时间和态度上来说，及时表达感谢可以进一步加深感情，而迟到的感谢则起不到相同的作用。在别人帮你做事后，应尽快去表示感谢，如果把感谢的话留到第二天或者以后去说，不但起不到感谢的效果，还会让人觉得你不懂基本的礼貌和礼节，这样是很难和人建立友好关系的。

3. 表达感谢时要直视对方

专家说，在互相注视的时候，交流通常比较容易进行。所以，表达你的感激的时候，最好是专注地注视对方，这样你的话才显得是出于真心，你的感情才显得真挚。

4. 表达感谢要有具体所指

在说"谢谢"的时候，一定要具体说出对方在哪一方面帮助了你。例如："我真的非常感谢您为我介绍了不少客户。"或者说："刚才真是太谢谢你了，如果不是你及时出现，我可能就被车撞倒了。"

5. 感谢时要表达出自己的诚意

当你从内心深处产生感谢对方的欲望时说出的"谢谢"才能

显示出真心实意，使“谢谢”有了生命力。最能显示真诚的无非是“谢谢”前面的修饰词，比如“万分感谢你的帮助”“非常感谢……”等，或者使用重复的句式。

总之，当别人给予你帮助之后，千万不要吝惜“谢谢”这两个最温馨的字眼，从心底说出来，这种温馨便会印刻在对方的心底，从而起到促进沟通、拉近距离的作用。

人情往来，无“礼”不行

送礼作为一种社会现象，有着非常悠久的历史。人们相互馈赠礼品，是社会生活中不可缺少的交际内容。中国人崇尚“礼尚往来”，而送礼、回礼，是“往来”的典型表现形式。人与人之间的距离也正是在反复的送礼、回礼中，得以维系，越走越近。

人的感情具有物化性，有时候，仅用话语来表达你对朋友的关心和友谊不太实际。也就是说，仅凭两张嘴是无法建立友好关系的，还要有点物质上的交流。这就需要你运用一些小礼品来沟通与朋友的关系。

国庆长假，阿光和家人一起去了趟海南。三亚的风光以及海边的美景让阿光恍惚忘了时间的流逝。安闲的时光总是特别容易过去，七天之后，阿光大包小包地从海南回到了北京。包里面塞满的当然是他四处购得的纪念品。

过完长假上班的第一天，公司照例要开小组会议。会议议程和往常一样，总结一下近来的工作进度，然后说说这个星期的工作安排。会议的气氛还是如往常一样的轻松。正事谈完之后，话题自然地转到了大家在十一长假的趣事。阿光先眉飞色舞地将旅行中的故事讲了一遍，成功地勾起了所有与会人员想要去旅行的憧憬，接着拿出了给他们准备的礼物。都是当地有特色的纪念品，他带得非常多，并没有规定某个礼物特定给谁，礼物摊了大半个会议桌，只是让大家挑自己喜欢的。很自然地，第一个挑选礼物的人是领导。领导谦虚地推辞了一下，开始选择。在满眼的精巧纪念品中，领导看看这个，摸摸那个，最后终于选了一个。

虽然当中有人可能因为手脚不够快的原因没有拿到自己最想要的那个礼物，但对于阿光，每个人都是会真诚感谢的。“独乐乐”不如“众乐乐”，聪明的阿光让大家都分享了收到礼物的快乐。

人与人交往，贵在真诚、大度，然而，有一定的“礼物”为铺垫，则恰似一种催化剂，会增进关系的发展。

现实生活中，无论是探望亲朋好友，还是拜访陌生人，我们一般都会带上礼物，因为礼物犹如一个盛装情感的器皿，表达的是情谊。它像连通人与人之间的桥梁，能使情感得以更好的建立、传递和保存，使人与人之间的关系得到良好的推动。因为它代表着一种诚意，寄托着交流双方的情感价值，甚至在更高层次上，它是一种心灵的交流和沟通。

礼物作为表达思想、加深感情、加强交流的一种方式，是一种感情和意义上的互通交融。不管是首次拜访还是后来登门，带上一份精心准备的礼物，首先，能够说明你对待对方的态度是积极的、是比较重视的，这样从开始就能给对方一个好的印象，为下一步的交流奠定了基础。另外一点就是带着礼物上门还能够化解见面时的尴尬气氛，哪怕对方原本不愿接待你，也很难在你的热情之中冷脸打发你。

送礼是一种感情的投资，能缩短人与人之间的感情距离，便于人们的沟通交流，达成共识。礼多情就多，这是人们送礼总结出来的经验。学会了送礼，就等于学会了人际交往的一门技巧。

清朝时，中堂大人李鸿章夫人50岁生辰快到了，满朝文武大臣忙得不亦乐乎，都准备前往祝寿。消息传到合肥知县那里，知县也想前去送礼，因为李鸿章是合肥人，又是朝中宠臣。可是细细一想，知县又发愁了：“我这七品芝麻官能送多少礼？少了，等于不送；多了，又送不起。”他思来想去拿不定主意，于是请来师爷商量。师爷说：“这事容易，一两银子也不用，还保你的礼品最为注目，保准中堂大人喜欢，列于他人礼品之上。”

知县听说一两银子也不用，自然高兴，可又一想天下哪有这般好事，便问：“送什么东西？”

“也就是一幅普通的寿联。”师爷回答。

知县听完直摇头，表示难以相信，师爷连忙说：“不要怀疑，送礼之后，包你从此飞黄腾达。不过这寿联必须由我来写，你亲自送上，请中堂大人过目，不能疏忽。”知县满口答应。

第二天知县带着师爷写好的寿联上了路。他昼夜兼程赶到京城。等着祝寿之日，他通报姓名来到李鸿章面前，朝他一跪说：“卑职合肥知县，受人之托，前来给夫人祝寿！”

李鸿章随口应了一声叫他站起来，知县忙拿出寿联，将上联先打开，李鸿章一看是“三月庚辰之前五十大寿”。

李鸿章心想：“夫人二月过生日，他写了“三月庚辰之前”，还算聪明。”他正想着，知县又“哗啦”一声打开了下联，李鸿章一见，忙双膝跪地。原来下联写着：“两宫太后以下一品夫人。”

“两宫”指当时的慈安、慈禧，李鸿章见“两宫”字样，不由得跪了下来。于是他命家人摆香案，将此联挂在《麻姑上寿图》两边。

这副寿联，深得李鸿章的赏识。这位知县也因此而官运亨通，飞黄腾达了。

送礼是社交活动中的重要手段之一。得体的送礼，恰似无声的使者，通过这一方式把你所需表达的情感送到对方的心坎里，给交际活动锦上添花，给你与对方之间的感情和友谊注入新的活力，从而达到增进友谊、互相关怀、生活愉快、事业顺利的目的。

第十章

玩转职场，成就事业的社交方略

放下架子，首先在态度上征服员工

作为一个团队或企业的领导者，很容易产生高高在上的感觉，通俗说就是“拿架子”。这是领导者的大忌，也是领导者最常犯的毛病之一。有一些领导者总把自己摆在“高人一等”的位置上，要派头、逞威风，结果导致领导者盛气凌人，被领导者怨声载道，这是最差劲的管理。如此这般，领导者不但把自己的人品降了一格，同时也会使领导者与员工之间永远隔着一条无法逾越的“天河”。与此相反，有些领导者平易近人，和员工打成一片，创造出和谐友好的氛围，从而赢得他人由衷的尊敬，形成上下一条心、工作有声有色的局面。很显然，领导者平易近人是应该倡导的。

国外有一位十分受人尊敬的领导人。他当时虽贵为政府要员，但仍住在平民公寓里。他生活十分简朴，平易近人，与平民百姓毫无二致。他的信条是：“我是人民的一员。”除了正式出访或特别重要的国务活动外，他去国内外参加会议、访问、视察和私人活动，一向很少带随行人员和保卫人员。只是在参加重要国务活动时才乘坐防弹汽车，并有两名警察保护。有一次，他去美国参加一个国际会议，人们发现他竟独自一人乘出租车去机场。

一次，他去维也纳参加会议，也是独自前往的。当他走入会场的时候，还没有人注意到他，直到他在插有国旗的座位上坐下来，人们才发现他。对他的举动，与会者都称赞不已。

同普通人打成一片是他为人的重要特点。他从家到首相府，每天都坚持步行，在这一刻钟左右的时间里，他不时同路上的行人打招呼，有时甚至与同路人闲聊几句。他同他周围的人关系处得都很好。在工作之余，他还经常帮助别人，毫无高贵者的派头。他与家人经常去度假，和度假地的居民建立了密切的联系，那里的人都将他看作朋友。他常常在闲暇时间独自骑车闲逛、铡草打水、劈柴生火、帮助房东干些杂活，以此来联系和接触他人，使彼此之间亲如家人。

这位领导人喜欢独自微服私访，去学校、商店、厂矿等地，找学生、店员、工人谈话，了解情况，听取意见。他从没有国家要员的架子，谈吐文雅、态度诚恳，也从不搞前呼后拥的威严场面。这些都使他深得人民的爱戴。

他平易近人，同许多普通人通过信件建立了友谊。他在位时平均每年收到1.5万多封来信；其中三分之一来自国外，为此他专门雇用了4名工作人员及时拆阅、处理和答复，做到来者皆阅，来者均复。对于助手起草的回信，他要亲自过目，然后才能签发。这一切都使他的形象在人民心目中日益高大。

作为领导者，你对待你的员工乃至与所有相关人等往来，最要紧的是能亲切和蔼，要让他人感到你很平易近人。古人云：“将不可骄，骄则失礼，失礼则人离，人离则众叛。”

在一个真正高明的领导者身上，你看不出半点领导者的架子，也不会发现哪个员工在他面前畏首畏尾、缩手缩脚地工作。而他也愿意和员工平等地往来，从不会把自己置于与众不同的地位，甚至他的员工可以很随便地对他说：“喂，领导，你的新发型一点都不好看。”而他也不会因此而不高兴，还会开玩笑地说：“是吗？那我得让理发店的老板请我吃饭作为补偿了。”因此，作为领导者，首先要有的素质就是不要唯我独尊，不要摆领导者的架子，平易近人才能获得别人的支持与追随，才能成为名副其实的领导者。否则，上下离心离德，即使你其他方面的品质再优秀，也很难获得众人的支持与追随。

日本有家做电子商务的丰华公司，做得非常成功。而这个公司老总叫坂田里茨，以前在别的公司干主管。

在原先公司干主管时，坂田不懂得和下属搞好关系，总高高在上，仗着自己是公司高薪聘请来的主管挑三拣四，弄得下属怨声载道。

坂田看着团队没有创造力，心里很纳闷，别的团队每年都有新产品研发出来。可是，自己这个团队，除了完成交代下来的任务之外，似乎并没有什么很有创造力的东西。难道是团队里的成员没有创造力？想来想去，坂田恍然大悟：原因肯定是出在自己身上。

所以，从第二天开始，坂田就一改板脸的态度。他对下属也放松了，还买回了一大堆日用品，让下属在疲劳的时候，可以小小休息一下。他态度的转变，让下属很吃惊。不仅如此，坂田还主动拜访下属的家，和下属拉家常。

很快，坂田就从下属身上挖掘到了不少优点，彼此都很信赖。坂田就好像与他们融为了一体，下属有什么技术难题，总会来跟他请教。坂田还鼓励他们多创新，不到一年时间，他们团队创造出了50多种新产品，顿时受到了老板的信赖。才过一年多，坂田就被提升为了公司的副总裁。

作为领导，要学会降低自己的身价，放下你的架子，忘记你的身份，不要总以为自己是“官”，总是高高在上，俯瞰万民。放下架子，从自以为是的状态中上走出来，到员工中去，才能与他们真诚友好地平等相处，同时获得他们真正的尊重。

事实上，领导者放下官架子，看似少了些官威，实则提升了自己的威信。要知道，高高在上的神态总是令人讨厌的，更不会受到别人的尊敬，它只会为领导工作平添无数障碍。而放下官架子，在工作和交往中，以平等的态度与人交流，则会使人有受到尊重的感觉。如果你可以将这样的交往与管理活动巧妙地糅合在一起，人们便会乐于接受你的领导，并且乐于与你交朋友。这样，你的“权力范围”就会变成良好的“关系范围”，这才是一种最佳状态。

其实，对于地位比较高的人，一般人都会敬而远之，如果你再摆官架子，就会把别人从你身边赶走。这样一来，由于你已经被自己的行为孤立起来，你会发现工作难以开展，事业受挫。同时，你会发现你的生活也不快乐，因为你已经没有什么朋友了。所以说，领导者要勇于放下官架子，与员工打成一片，建立朋友式的伙伴关系。

不要自作主张，把决定权留给上司

和上司沟通最重要的一条：不要代替上司做决定。因为上司才是决策者，无论事情的大小都有必要听取他的建议。作为下属，你只需要摆正自己的位置，遇事多请教上司，并在征得上司的同意下针对其工作习惯和时间对各种事务进行酌情处理。如果你不顾自己的角色位置，说出一些不符合自己职场身份的言论，将会影响你的前途。

有个杂志社给一个作家做了一期专访，杂志出来以后，这个作家收到了一本。他想多要几本送给朋友，便打电话给杂志社主编。主编不在，杂志社里一个员工接了电话。“麻烦你转告一下主编，我希望多要几本这期杂志。”“这个啊，没问题！您直接派人过来拿就成。”员工爽快地说。

作家正打算驱车去拿杂志时，接到主编的电话，主编说：“对不起！刚才我不在，杂志收到了吧？我刚才派人给你多送了几本过去。”停了一下，主编又问，“可是，对不起，我想知道是哪位员工说您可以立刻过来拿的。”作家很奇怪，问道：“有问题吗？”“当然没问题，您要十本都可以，我只是想知道，是谁在自作主张。”主编解释说。

事情的结果可想而知，那名自作主张的员工免不了受到上司的一番责备，在主编心目中的印象也肯定会大打折扣。

上司是决策者和命令的下达者，无论我们有多大的把握相信自己的判断力，无论你代替上司决定的事情有多细微，都不能忽略上司同意这一关键步骤。上例中的作家既然是点名找主编，作为下属就该转告，而不是替他做主。虽然只是一句话而已，但本来可以由上司卖出的人情，却被他无意挥霍了。想想看，上司能不为此反感吗？

作为下属，你可以给公司的运行提出自己的建议，但是最终的决定权在上司的手中，不要说出不符合自己身份的话。重要的是做好自己的工作，不要越级、越权管其他的事情。否则，遇上心胸狭窄的上司，会耿耿于怀，认为你不尊重他的领导地位。

小于在从事第二份工作时，曾经做了一件十分愚蠢的事儿。有天经理出差去了，公司里忽然来了一通由经理直接负责的贸易供应商打来的电话，对方催促说：“那件事办得怎么样了？”因为小于平时总会帮经理办事，非常明白其中的要领，所以自己就处理了。经理出差回来后，小于马上向领导汇报了这件事，原以为会受到领导的表扬，结果领导却对他大发雷霆——小于本以为自己很“识趣”，做了件好事情，没想到却惹怒了上司。原来，经理这次就是特地去跟另一家供应商谈合作，打算换掉打来电话的这家。这件事在秘密进行中，小于这么自以为是地帮经理处理此事，却正好坏了领导计划很久的事。

不问过领导便为之，领导会认为你不尊重他，就算是芝麻大的小事也会引起领导的反感。更何况像小于这么严重的事件呢？

自作主张，替上司做决定，是与上司相处的大忌，无论什么时候，只要你的上司没有授予你自己定夺的权力，你都不要替他决定任何事情，否则，吃亏的人肯定是你自己。

作为下属，你就应该找准自己的位置，说话办事要把握好尺度，千万不要替上司做决定。这样，你才能够与上司和谐相处，并得到他的信任和赏识，在个人事业的发展上，也会少一些不必要的阻碍。

一天，李敏被派往韩国参加一个展览会，当时她非常紧张。她的韩语水平还可以，但缺少实战经验，也不懂专业术语。晚上，她把以前翻译时留下来的资料恶补一番，第二天早上，她大大方方地穿着旗袍站在展台前，毫不胆怯地用韩语和外商打招呼。

有外商到她们公司展位的时候，她没有冒充一个经验丰富的贸易人员，而是直率地告诉他们："我刚刚毕业，还有很多不懂的和不明白的，请多多关照。"

客户有什么问题，她都把它翻译成汉语，直接问她的上司，而没有自作聪明地自己回答，因为她的答案可能是不正确或者是欠妥当的。等这个客户走了，下个客户再来的时候，如果问相同的问题，她即使不用把它翻译成汉语，也知道该怎么回答了。这样的回答肯定是正确无误的。

或许是她的诚恳感动了客户，有好几家客户约他们去公司商谈。展览会结束后，为了能够按时赴约，她主动向上司提出，由她在约定日期的前一天，先把路线走一遍，确定大体方位。第二天她们很轻松地就到了约定的地点，结果，谈判进行得很顺利。

上司从此把一些事情很放心地交代给李敏，这就是对她最大的嘉奖。

在职场中，聪明人永远不会代替上司做决定，而是让上司帮他做决定。聪明的下属总是主动向上司请示和汇报，征求上司的意见和看法，把上司的意见融入工作中去。这样既可以避免工作中犯错，又可以博得上司的欢心。

俗话说："职场如战场。"每一个下属都应该在自己的职责范围内说话。在讨论工作的时候，千万不要自以为是，和上司说出不该说的话。你必须牢记：上司永远是上司。否则，当上司意识到自己该拍板的事情被下属越俎代庖，他在心理上的排斥感和厌恶感，足以毁掉你长期积累所换来的他对你的信任和认同。

与各种性格的领导相处

与领导相处，是一门很深的学问。每个人都有直接影响他前程、事业和情绪的领导。你能与领导和睦相处，对你的身心、前途有极大的影响。

那么，我们该如何与领导相处呢？

首先，我们要了解领导的各种秉性。领导也是常人，他们也有不同的性格特点。由于个人的素质和经历不同，不同的领导会有不同的领导风格。只有仔细揣摩每一位领导的不同性格，在与他们交往的过程中区别对待，才会使你在职场中如鱼得水。

1. 豪爽外向型的领导

这种类型的领导对形式上的表面一套并不讲究，往往更看重的是你的实际工作能力，他会欣赏办事细致的下属，也不反感不拘小节的人。注意不要背着他搞小动作，或是当众顶撞他，激怒了他就不好办了。

2. 冷静谨慎型的领导

这种类型的领导通常欣赏一丝不苟的工作作风，喜欢一份记录详细的工作报告，提交给他的工作计划也是越详尽越好。在沟通的时候注意自己的言谈举止，穿得体的职业装也是他欣赏的。谨慎的人有很强的自我保护意识，因此要注意不要与他过于亲近。

3. 健忘型的领导

这种类型的领导健忘，明明在前一天讲过某一件事，可两三天后，他却说根本没讲过；或者在前一天他讲的是这个意思，可过了两三天，他却说是那个意思。他常常颠三倒四，也常常丢三落四。这样的领导，应对的方法是：当他在讲述某个事件或表明某种观点时，你可装作不懂，故意多问他几遍，也可提出自己不同的看法，以故意引起讨论来加深领导的印象。在谈话最后，你还可以对领导的陈述进行概括，用简短的语言重复给领导听，让他也牢牢记住。

4. 工作狂型的领导

这种性格的领导通常会认为，工作就是生命的全部。他们希望员工们天天超时工作，甚至周末和节假日也要加班。如果你遇到这种领导，也不要太悲观，只要认真努力地工作，处处谨小慎微，就可以取得领导的信任。

5. 吹毛求疵型的领导

如果你不想被这种领导的百般挑剔弄得神经兮兮，只有摆正心态不要太介意他的批评，要知道挑刺只是他的习惯而已。你要分析一下他的批评抱怨，确有道理的还是应该照办，至于无理要求可适当采取拖延战术“冷处理”，拖得时间长了，他也没有精力再纠缠这些细枝末节，会催促你快把事情了结。

6. 脾气暴躁型的领导

这种类型的领导生性脾气不好、易发火，做事讲求效率、雷厉风行，不拖泥带水，对慢吞吞的工作作风恨之入骨。因此，在这种类型的领导手下做事时，对他分派给你的工作，要立即行动，并及时向他汇报工作进程。当他对你大发脾气时，你最好克制自己，先不要着急，更不要试图解释，要经过冷静的思考后告诉他你会注意，会按他的要求去做的。

7. 模糊型的领导

这种领导在布置工作任务时含含糊糊、笼笼统统，从来没有明确具体的要求；有的既可理解成这样，又可理解成那样；有的前后互相抵触，下属根本无法操作和实施。为了避免日后不必要的麻烦，你在接受任务时，一定要详细询问其具体要求，并想方设法诱导其有一个明白的判断。必要时，你可采用提供语言前提的方法，如：“你的意思是……”让领导续接，或者用猜测性判断让领导回答，如“你的意思是不是……？”当领导有了一个比较明确的判断之后，你立即重复几遍加以强化，也可进一步延伸：假如是这样，那就会如何。

8. 懦弱妥协型的领导

这种类型的领导耳根子软，没有主见，他可能很容易就接受你的建议，但同时又可能受别人的影响而动摇。这时，你除了多向领导阐明你的观点，还可让持相同观点的其他同事向领导进言，支持你的观点或计划。

9. 虚荣心强型的领导

这种类型的领导最喜欢别人给他戴高帽子，喜欢阿谀奉承，听了赞美之词就会眉开眼笑。他喜欢旁人对其歌功颂德，反感对其批评指责。与这种类型的领导相处时，不要去揭穿他的伪装，更不要当众给他难堪，要尊重他的所作所为，满足他的虚荣心。你可以多留意领导的衣饰打扮、言行举止，抓住机会，就其长处表示心中的好感。只要你是善意的，不是虚伪的赞美，领导就会很高兴与你相处。

10. 无知型的领导

这里的无知，泛指不明白、不懂、不明智、外行。有些领导明明自己不懂、外行、不擅长，但他会装懂、装内行，他想显示自己，横插一手，有的还要瞎指挥。对于这样的领导，可分别对待。如果是重要的，带有原则性的问题，下属可直接阐明观点，或据理力争，或坚决反对；倘若是无关大局的一般性问题，下属则可灵活对付，尽量避免正面冲突和矛盾激化。

11. 八面威风型的领导

这种类型的领导处处显示自己的威风，喜欢下属凡事都向自己请教，让下属服从他，把自己像神一样看待，因为只有这样才能显示出自己的威力。与这种类型的领导相处，无论大事小事都要向他请教，千万不要表现出自己比他有能力，一切都要表现得比他差，这样可以满足他的心理需求。

总之，每个上司的性格都不尽相同，你要知己知彼，做到心中有数，才能达到和上司融洽相处的目的，并让他欣赏你，进一步重用你、提升你，这才是你的最终目的。

用你的忠诚赢得老板的青睐

“天下之德，莫过于忠。”忠诚是一种真心待人，忠于人、勤于事的奉献情操，它出自内心，而绝非虚伪做作。我们需要用忠诚来证明自己值得信赖，值得尊敬。尽管现在有一些人懈怠了自己的责任，无视自己的忠诚，让利益成为压倒一切的需求，但是，如果你能仔细地反省一下自己的话，你就会发现，为了利益而放弃忠诚，这将会成为你人生和事业中永远都抹不去的污点，你将背负着这样一个包袱生活一辈子。

忠诚是一个人的安身立命之本。只有具备忠诚品质的人，才能够赢得他人的信任，受到他人的尊敬，也只有这样的人才能在社会上立足。

在职场竞争越来越激烈的今天，人才之间的较量，已经从单纯的能力对比延伸到了品德方面的对比。在所有的品德中，忠诚越来越得到公司的重视。一项调查结果显示：最受老板器重的员工往往不是最具有能力的那一个，而是最忠诚的那一个。因为忠诚，他才能尽心尽力，尽职尽责；因为忠诚，他才能急企业所急，忧企业所忧；因为忠诚，他才敢于承担一切。

一家公司的人力资源经理在谈到员工录用与晋升方面的尺度时说：“我不知道别的公司在录用及晋升方面的标准是什么，我只能说，我们公司很注重应征者对金钱的态度。一旦你在金钱上有了不良的记录，我们公司就不会雇用你。很多公司也跟我们一样，很注重一个人的品行，并且以此作为晋升任用的标准。如果品行有污点，即使应聘者工作经验丰富、条件优越，我们也不会聘用的。”这位人力资源经理的用人标准说明了这样一个问题：

忠诚是衡量人品的一把尺子，也是职场中最值得重视的美德。因为每个企业的发展和壮大都是靠员工的忠诚来维持的，如果大部分员工对公司都不忠诚，那这个公司的结局就是破产，那些不忠诚的员工也自然会失业。

有一家生意不错的公司，因一些原因，被竞争对手抢去了大部分的业务，致使公司陷入了前所未有的危机之中。

老板把员工召集到会议厅开会，他对大家说："现在，公司的资金出现了周转困难，如果有人想辞职，我会立刻批准，但要是在平时，我会挽留，如今我已经没有理由挽留大家了。给你们发两个月的薪水，在你们找到新的工作之前，这些钱可能还够用。"

"老板，我不走，我不能在这个时候离开。"一个员工说 。

"老板，我们一定会战胜困难的。"另一个员工说。

"是的，我们不会走的。"很多员工都这样说。

后来这家公司并没有倒闭，甚至比以前做得更好。

老板说："这要感谢我的员工，在公司最危难的时刻，是他们的忠诚帮助公司战胜了困难。"

的确，忠诚拯救了这家公司。我们在任何时候都不能失去忠诚，因为它是企业成功的基石，也是做一名优秀的员工的基础。

忠诚主要体现为尽职尽责、积极主动，不从事任何与履行职责相悖的事务。除此以外，忠诚有一个最重要的特征，就是忠于企业的利益，并不以此作为寻求回报的筹码。

索尼公司有这样一句话："如果想进入公司，请拿出你的忠诚来。"这是每一个意欲进入索尼公司的应聘者常听到的一句话。索尼公司认为：一个不忠于公司的人，再有能力，也不能录用，因为他可能为公司带来比能力平庸者更大的破坏，索尼公司不喜欢“叛徒”。由此可见，企业在用人时不仅仅看重个人能力，更看重个人品质，而品质中最为关键的就是忠诚度。在这个社会中，并不缺乏有能力的人，那种既有能力又忠诚度高的人才是每个企业企求的理想人才。人们宁愿信任一个能力差一点却足够忠诚的人，而不愿意用一个朝三暮四、视忠诚为无物的人，哪怕他能力非凡。

赵凯到一家大型合资公司面试。他的工作能力无可挑剔，但是公司提出了一个使赵凯很失望的问题：“我们很欢迎你到我们公司来工作，你能力和资历都非常不错。我听说，你以前的公司开发了一个新的财务应用软件，据说你提了很多有价值的建议。我们公司也正在策划这方面的工作，你能否透露一些你以前公司的情况，你知道这对我们很重要，而且这也是我们看中你的一个原因。请原谅我的直白。”面试官说。

“你问我的问题令我感到失望，同样我的回答也会使你失望的。很抱歉，我有义务忠诚于我的前公司，即使我已经离开，无论何时何地，我都必须这么做，与获得一份工作相比，忠诚守信对我而言更重要。”赵凯说完就走了。

赵凯的朋友都替他惋惜，他却为自己所做的一切感到坦然。

没过几天，赵凯收到了来自这家公司的一封邮件。信上写着：“赵凯，祝贺你被我公司录用了，不仅因为你的专业能力，更重要的是你的忠诚。”

忠诚是一种操守和职业道德，强调遵循道德原则的端正品德和行为，也强调以诚相待、尽善尽美等，这些操守在今天看来尤为珍贵。作为从业者，不能为一时的利益而冲动，也不能为金钱所诱惑，必须坚持信念，做到品行始终如一。

在职场中，忠诚是一个人的优势和财富，它能换取老板对你的信任，能换来同事对你的赞许，能使你的心灵得到净化，能增强你的成就感。有了忠诚的美德，总有一天，你会发现它会成为你巨大的财富。相反，如果你失去了忠诚，那你就失去了做人的原则以及成功的机会。所以，你应忠诚于自己的公司和老板，跟公司的同事和领导和睦相处，与公司同舟共济、荣辱与共，全心全意为公司工作，把公司当成自己的家。公司成功了，你自然也就赢得了成功。

与同事和谐相处，你的职场之路更顺畅

同事之间的关系，事实上常常是人们最为重要的社会关系之一。对现代人来说，和同事一起打交道、一起分工合作的时间，甚至远远超过生命中最重要的亲人。有研究显示，公司中有好朋友的人比其他人有更高的工作效率和企业认同感，也更不容易产生职业动力枯竭。因此，处理好人际关系，不仅有利于开展工作，对自己的身心健康也更有益。

刘艳在大学毕业后，被分配到一个广告公司，做设计工作。刚走出校门不久的刘艳年轻气盛，高傲自大，总认为自己是最棒的，不把任何人放在眼里。公司有一些有资历的员工，经验很丰富，但年龄大一些，刘艳就总拿自己的年轻在他们面前炫耀。她经常说一些时尚的事物，如果同事表示不懂，她就会将其嘲笑一番。

慢慢地，公司里的人几乎都讨厌刘艳，她成了孤独的人，她没话找话地和同事说话，别人也对她爱理不理。老总交代的任务，有很多是需要经验才能完成的，刘艳请教有经验的同事的时候，同事也不愿意帮助她。

刘艳的工作做得没有任何起色，还经常出错。不久，在和老总的一次谈话后，刘艳被辞退了。

同事是自己工作中最重要的人，不与同事搞好关系，就无法在工作中取得成绩，刘艳的例子就是最好的教训。我们在工作中一定要和同事搞好关系，这样工作起来才能如鱼得水，做事才会事半功倍，甚至能够帮助自己登上一个新的台阶。

无数事实表明，那些善于处理同事关系，巧妙赢得同事支持的人，工作会异常顺利；而那些不善于处理同事关系的人必然举步维艰，在竞争中失败。所以，如果你想要获得事业成功，必须要研究明白与同事沟通合作的学问。

1. 以诚相见，心诚则灵

同事之间坦诚相见，才会营造出一种和谐友好的工作氛围。首先，要做到这一点，相互信任是先决条件。人之相交贵在知心，如果说话吞吞吐吐，做事遮遮掩掩，必然会引起同事的戒备之心。其次要勤于做事，乐于助人。勤快很重要，懒人到哪里都是不受欢迎的。很多单位早上上班都要打水扫地，这种小事没有分工，我们能主动去做，就会赢得同事的信任。

2. 与人为善，将心比心

在人际关系中，也有“作用力与反作用力”的原理，也就是说，你怎样对待别人，别人就会怎样对待你。假如我们本着将心比心的原则，以诚恳、友善的态度去对待同事，给同事施加“正作用力”，同事当然也会投桃报李，给予你真诚的回报。毕竟就一个单位的同事，天天低头不见抬头见，谁都愿意和睦相处、相安无事。

3. 严于律己，宽以待人

每个人都有很强的个体意识，都有自己为人处世的方式和习惯，所以，我们与同事相处，一方面要严格要求自己：和蔼可亲，平易近人，给人一张微笑的脸；时刻反省自己，提醒自己，尊重别人，推己及人；己所不欲，勿施于人；待人处事，三思而后行。总之，这世上，没有谁要与你过不去，你也别和人家过不去。另一方面，我们要宽以待人：得饶人处且饶人，只要不是原则性的问题，就别求全责备，哪怕同事有缺点，我们也要尽可能去容忍。人非圣贤，孰能无过，既然如此，我们就要学会宽容与理解。

4、同事之间，相交淡如水

“君子之交淡如水”这句话运用在同事间的人际关系上最适合不过。因为公司毕竟是一个成员众多，又具竞争性的组织。在一个单位共事，利益关系最为明显，冲突也最容易发生，因此同事之间难以交朋友和产生真正的友谊。既然你不可能和每个人都结为知己，就只有和他们保持泛泛之交、淡淡相处，而又不至于彼此伤害，这才是明智之举。

分享荣誉，不要独占功劳

俗话说：“有福同享，有难同当。”成功需要分享，团队的成功更需要分享。一个良好的团队，大家通力协作，共同努力，取得的任何成绩当然也是属于大家的，成功当然也属于整个团队。就算是某个人取得了更大的成就，也千万不要忘了一起拼搏努力的其他团队成员，与他们一起分享成功的喜悦。只有分享，才能共赢。不懂得分享的人，只能共苦不能同甘的人，最终会被大家所唾弃和不齿，被大家孤立和远离。

一位销售主管这个月的销售业绩很突出，他所在部门的业务员销售总额超出了同级部门的两倍还多。按照公司规定，这个主管可以按业绩提成，得到一笔可观的奖金。老板很是为有这样一个得力助手而高兴，同事也暗自庆幸自己以前没有看错人。于是，老板决定在公司开个例会，并把他推为大家的榜样，以此激励其他员工，还特意安排了这位主管当众发表感言。

这位主管在他的感言中把自己的业绩归功于自己调配人员的技巧、处理大订单的果断和自己如何辛苦的加班等。虽然说他说的这些也确实属实，他的确是这样做的，但他唯一犯的错误就是自始至终都没有提及一句自己感激老板和感谢同事、下属之类的话。

会后，下属和同事们开玩笑要他请客庆祝，他却毫不客气地说："我得奖金，你们用得着这么开心吗？下次我会拿更多，到时再说吧！"可是等到下个月，这位主管不仅没能再拿到奖金，甚至还因为没能完成销售任务而被扣掉了当月奖金。更奇怪的是，他的下属越来越懒散，就连老板似乎也对他冷淡了许多。

这样一个工作勤恳的人却不能成为受欢迎的人，究竟是什么原因造成的呢？很明显，就是因为他不懂得与人分享荣誉。

独占易起纷争，分享才能共赢。当你在工作上或事业上取得了骄人的成绩时，当然值得庆贺，但如果成绩是集体的功劳，千万不要把功劳据为己有，否则你的队友会觉得你好大喜功，抢占他人的劳动成果。懂得分享的人，才能拥有更多。

独享荣誉是典型的容易激起他人心中不满，并心生恨意和嫉妒的最主要原因。试想，当大家都为一个目标在努力工作，不料让你抢先得到这个惹人眼红的功劳，于是相比之下其他人就明显比你差了很多，你的存在也不时地给他人造成威胁，尽管你并未做任何伤害他人的事情，但又有谁还愿意跟你一起工作呢？自然而然地，独自享受荣誉还心安理得地把高帽子往自己头上戴的人，终究会成为孤家寡人的，更何谈招人喜欢，受人欢迎呢？

因此，当你工作上有特殊表现而受到肯定时，你千万别忘了分享荣耀，否则这份荣耀会为你带来人际关系上的危机。你工作上有了业绩，升职了，加薪了，不妨和同事们庆祝一番，对老板说声“谢谢”，对下属的配合与支持表示真诚的感谢，甚至是嘲笑过你的人，也要为他们给了你前进的动力而有所感谢，让大家都感到你内心真诚的感激而一并与你分享快乐。

在某外企公司上班的职员小苏，就是深谙此道的一位职业女性。当她在公司取得了令人羡慕的成就后，她绝不会好大喜功，总说是集体的成绩。她懂得给同事留面子，深得同事的欢心，没过几年便升职加薪了。后来小苏因为工作十分出色，业绩良好，成为公司里最年轻的销售经理。

这一天，小苏被老板叫到办公室去，因为她所带领的团队为公司的项目开发做出了很大的贡献。

送茶进去的秘书小琳出来后告诉大家，总经理正在拼命地夸奖小苏，简直要把她捧上天了，她还从来没有见过他这样夸一个人。听完这话，这些销售精英脸都沉了下来，纷纷发起牢骚：“凭什么啊！功劳都让她一个人全占了，我们的努力都白费了。”“对呀，为了这个项目，我们有多少晚没有好好睡觉，连续加了快大半个月的班！”

正在大家纷纷发牢骚的时候，总经理和小苏出来了。“做得好，大家都辛苦了！”总经理向大家投来赞赏的眼光，“苏经理向我说了大家所付出的努力，听说你们为了这个项目大半个月都没有好好休息过，真是太感谢大家了。这个月每个人都可以拿到两倍的奖金！”总经理话音刚落，大家一阵欢呼，冲过去拥住小苏，表示以后一定会跟着苏经理，继续为公司卖力。

人在职场要懂得与同事“有福同享”，否则，会引起其他同事的反感，从而给自己在职场的发展带来不利影响。每个人都应该记住，当你因为工作表现出色受到上级嘉奖时，一定不能独享这份荣誉，你应该感谢周围的同事，并与他们一起分享成果。这样，你才会成为职场中受欢迎的人，从而取得更大的成功。